초등 사회 진짜 문해력

5-2

창비᎘

초등 사회 진짜 문해력

5-2

배성호
곽혜송
신봉석
이우철

창비교육

《초등 사회 진짜 문해력》을 펼친 여러분을 환영합니다! 낯선 곳에 갈 때 친구나 선생님과 함께 간다면 어떤 마음이 들까요? 선생님들은 어렵다고 느꼈던 **사회를 쉽고 알차게 만날 수 있도록 돕는 길동무 같은 책**이 되길 바라는 마음으로 이 책을 만들었어요.

'사회 교과서'라고 하면 여러분은 어떤 생각이 떠오르나요? 다양한 생각이 떠오를 수 있어요. 선생님이 교실에서 물어보면 어렵고 딱딱하다고 답하는 친구들이 많았어요. 그건 정치부터 경제, 지리, 역사, 법 등등 사회 교과서에서 다루는 내용들이 다양하고 많아서일 수 있어요. 또 교과서에는 분명 설명이 쓰여 있지만 단 한 줄로만 정리되어 있어서 자세하지도 친절하지도 않은 것 같은 느낌이 들기 때문일 수도 있고요. 그러다 보니 당황스러울 때가 있었을 거예요. 하나하나 다 물어보기도 그렇고, '혹시 나만 모르는 것은 아닐까?'라는 생각을 할 수도 있잖아요. 실제로 이런 경우가 참 많답니다.

사실 교과서는 책의 분량이 정해져 있어서 친절하고 자세한 설명을 모두 담기 어려워요. 이건 학생들뿐만 아니라 교과서로 직접 여러분을 가르치시는 선생님들도 아쉬워하는 부분이랍니다. 그래서 이 책을 쓴 선생님들은 이런 상황을 어떻게 풀어 보면 좋을지 고민했어요.

만약 **선생님이 여러분 곁에서 실제 수업을 하듯이 차근차근** 교과서에서 다룰 핵심 내용들을 안내해 주면 어떨까요? 이 책을 함께 쓴 선생님들은 여러분 또래 친구들이 어려워하는 부분들을 수업에서 찾고, 생생한 사례를 생활 속에서 모으기 시작했어요. 그리고 그것을 책으로 담아내었어요.

책을 읽다 보면 왜 그런 개념이 나왔는지 자연스럽게 **여러분 스스로 생각하고, 내용을 이해할 수 있을 거예요.** 무엇보다 사회는 우리가 평소 살아가는 생생한 생활 이야기를 담고 있기 때문이에요. 시장과 마트 등에서 물건을 사고, 스마트폰을 사용하고, 교통수단을 이용하는 등등 생생한 이야기들이 바로 사회이기 때문이지요. 우리가 살아가는 세상 이야기와 또 재밌는 역사 이야기 등을 나누면서 열어 간 수업을 **교과서 진도에 맞춰 학년과 학기에 맞춰** 책으로 펼쳐 내었어요. 이 책과 함께 하면 사회 교과서를 읽을 때 살아 숨 쉬는 세상과 마주할 수 있을 거예요. 그래서 이 책의 이름을 《초등 사회 진짜 문해력》이라고 이름 붙였어요.

요즘 문해력이라는 말이 우리나라뿐만 아니라 세계적으로 널리 사용되며 주목받고 있답니다. 문해력은 글을 읽고 이해하는 능력이라는 뜻이에요. 한글은 누구나 쉽게 배워 익힐 수 있게 만든 문자이지요. 덕분에 우리는 쉽게 글을 읽고 쓸 수 있어요. 하지만 정작 현재 사회 교과서의 글은 그 내용이 과연 어떤 것인지 쉽게 파악하기 어려워요. 그 안에는 정치, 경제, 사회, 문화, 역사, 지리 같이 다양한 내용들을 압축해서 담았기 때문이에요. 어렵고 딱딱하게 느껴진 **사회 교과서를 여러**

분이 진짜 제대로 읽고 이해할 수 있도록 하는 '사회 문해력'을 키우는 것이 이 책의 목표예요.

    실제로 이 책을 쓴 선생님들은 직접 여러분들이 학교에서 마주했던 사회 교과서와 지역 교과서 등을 집필하였고, 다채로운 수업을 열어 왔어요. 또 전국의 선생님들과 10여 년 넘게 꾸준히 모여 연구하면서, 지금 이 시간에도 여러분 또래 친구들과 함께하고 있답니다. 여러분이 이 책을 즐겁게 읽으며 생활 속 생생한 이야기로 마련된 사회 과목에 흥미를 느끼면 좋겠어요. 이 책을 벗 삼아 세상의 주인공으로 여러분이 성장하길 응원하면서 인사드립니다.

머리말 • 5

1. 옛 사람들의 삶과 문화

나라의 등장과 발전 • 13
문해력 튼튼 • 45

독창적 문화를 발전시킨 고려 • 49
문해력 튼튼 • 72

민족 문화를 지켜 나간 조선 • 75
문해력 튼튼 • 96

한눈에 읽는 개념 지도 • 100

2. 사회의 새로운 변화와 오늘날의 우리

새로운 사회를 향한 움직임 • 105
문해력 튼튼 • 133

일제의 침략과 광복을 향한 노력 • 137
문해력 튼튼 • 164

대한민국 정부의 수립과 6·25 전쟁 • 167
문해력 튼튼 • 176

한눈에 읽는 개념 지도 • 180

문해력 쏙쏙 모아 보기 • 182
찾아보기 • 185
출처 및 참고 자료 • 190

1

옛 사람들의 삶과 문화

나라의 등장과 발전

　야구 경기를 본 적이 있나요? 경기장에 직접 가 보진 못해도 방송 중계나 인터넷으로 한 번쯤 본 적이 있을 거예요. 우리나라에 있는 프로 야구팀의 상당수는 팀을 상징하는 동물이 있어요. 예를 들면 기아 타이거즈는 호랑이, 두산 베어스는 곰, 한화 이글스는 독수리가 팀을 상징하지요. 야구팀처럼 동물을 집단의 상징으로 사용한 것은 아주 먼 옛날부터였어요. *《삼국유사》라는 오래된 역사책에 등장하는 우리나라 최초의 국가 고조선의 건국 이야기에서 그 흔적을 찾아보도록 하지요.

★ 삼국유사 고려 시대에 일연이라는 스님이 쓴 역사책이에요. 고조선 건국 신화처럼 흥미로운 설화와 불교에 관한 이야기들이 많이 담겨 있어요.

아주 먼 옛날, 환인의 아들 환웅이 비, 바람, 구름을 다스리는 신하를 데리고 하늘에서 내려와 인간 세상을 다스렸어요. 그러던 어느 날 곰과 호랑이가 환웅을 찾아와 사람이 되고 싶다고 했어요. 환웅은 100일 동안 햇빛을 보지 않고 자신이 준 쑥과 마늘을 먹으면 사람이 되게 해 준다고 약속했지요. 호랑이는 얼마 못 가 포기했고, 곰은 잘 견디어 아름다운 여자가 되었어요. 환웅은 여자가 된 곰을 아내로 맞이했고 둘은 아이를 낳았어요. 그 아이가 바로 고조선을 세운 단군왕검이에요. '단군'은 하늘에 제사를 올리는 제사장이라는 뜻이고, '왕검'은 정치적인 지배자를 뜻해요. 그러니 단군왕검은 제사와 정치에 대한 권한을 동시에 지닌 *우두머리라고 볼 수 있지요.

고조선의 건국 이야기에서 환웅이 하늘에서 땅으로 내려올 때 비, 바람, 구름을 다스리는 신하를 데려왔다는 내용은 당시 사람들이 농사를 무척 중요하게 여겼다는 뜻을 담고 있어요. 비나 바람, 구름 등의 날씨는 농사에 아주 중요한 영향을 미치니까요.

그리고 환웅이 원래부터 땅에 살던 것이 아니라 하늘에서 온 사람이라는 것을 보면, 고조선을 세운 세력은 다른 곳에서 왔다고 추측할 수 있어요. 즉, 곰을 상징으로 하는 부족과 호랑이를 상징으로 하는 부족 가운데 곰을 상징으로 하는 부족이 외부 세력인 환웅과 손을 잡았고, 그들이 결합하여 고조선이라는 나라를 세웠다는 이야기지요.

단군왕검이 세운 고조선은 우수한 청동기 문화를 바탕으로 다른 부족을 정복하거나 통합하면서 점점 세력을 키워 나갔어요. 고조선의 위치에 대해 정확한 기록이 남

★ **우두머리** 어떤 집단이나 조직에서 가장 높은 사람을 뜻해요.

아 있지는 않지만 고조선 사람들이 남긴 문화유산을 통해 문화적인 범위를 짐작할 수 있어요. 중국의 악기인 비파를 닮은 비파형 동검, 탁자처럼 다리가 긴 탁자식 고인돌, 양쪽에 손잡이가 달린 미송리식 토기가 대표적인 고조선의 문화유산이에요. 이 세 가지가 공통적으로 발견된 곳을 파악해서 고조선의 문화 범위를 알 수 있지요.

그렇다면 고조선 사람들은 어떻게 살았을까요? 중국 역사책에 남아 있는 기록에 따르면 고조선에는 8조법이라고 부르는 8개의 법 조항이 있었어요. 그중 3개만 전해

지고 있는데 이 조항을 보고 당시 사람들의 생활 모습이 어땠을지 짐작할 수 있지요. 어떤 조항이 있는지 살펴볼까요?

첫째, 사람을 죽인 사람은 사형에 처했다고 해요. 인간의 생명을 소중히 여기고, 사회 질서가 무척 엄격했다는 것을 알 수 있어요.

둘째, 남을 다치게 하면 곡식으로 갚아야 했어요. 갚는다는 개념이 있는 것을 보면 지금처럼 개인의 재산을 인정하는 사회였음을 알 수 있지요.

셋째, 도둑질 한 사람은 노비로 삼으며, 죄를 면제받으려면 돈을 내야 했어요. 여기서는 고조선에 돈, 즉 화폐가 있었다는 것을 알 수 있어요. 그뿐만 아니라 노비가 있었다는 것을 보니 *계급이 있는 사회였다는 것을 짐작할 수 있지요.

고조선의 문화유산인 고인돌도 고조선이 계급 사회였음을 보여 주는 사례예요. 고인돌 중에는 덮개돌의 무게만 50톤에 이르는 아주 거대한 고인돌도 있어요. 이렇게

★ 계급 한 사회에서 사람의 신분, 직업, 재산 등에 따라 정해진 등급을 뜻해요.

거대한 고인돌을 아무나 만들 수는 없겠지요? 아마 높은 계급을 가진 사람들이 세운 고인돌이었을 거예요.

 **문해력 쏙쏙**

고조선을 대표하는 문화유산에는 중국의 악기인 비파를 닮은 ⓑⓟⓗⓓⓖ, 탁자 모양처럼 다리가 긴 ⓣⓙⓢⓖⓞⓓ, 양쪽에 손잡이가 달린 토기인 ⓜⓢⓡⓢⓣⓖ 가 있다.

　세계적으로 주요한 도시들에는 공통점이 있어요. 바로, 큰 강이 흐른다는 거예요. 프랑스의 파리에는 센강이 흐르고, 독일의 쾰른에는 라인강, 이집트 카이로에는 나일강이 흐르지요. 우리나라도 마찬가지예요. 수도인 서울을 한강이 크게 가로지르고 있어요.

　오래 전부터 한강 *유역은 여러모로 사람들이 살기 좋은 곳이었어요. 넓고 *비옥한 땅이 있어 농사가 잘되고 뱃길을 이용할 수 있어 교통도 편리했거든요. 당시 문화가 발달한 중국과 교류하기도 쉬웠어요. 그러니 많은 나

★ 유역 강과 가까운 지역을 뜻해요.
★ 비옥하다 식물이 잘 자랄 수 있게 하는 성분이 많이 들어 있다는 뜻이에요.

라들이 한강 유역을 차지하기 위해 전쟁을 벌였지요. 이번에는 이 한강을 두고 치열하게 경쟁했던 나라들에 대해 알아볼 거예요.

우선, 고조선 이후에 무슨 일이 있었는지부터 살펴볼게요. 우수한 문화와 넓은 땅을 지녔던 고조선은 중국 한의 공격으로 멸망했어요. 고조선 멸망 전후에는 한반도와 주변 지역에 철기 문화가 보급되었고 여러 나라들이 생겨났지요. 그 가운데 고구려, 백제, 신라는 왕을 중심으로 국가의 체제를 체계적으로 갖추었어요. 이 세 나라

가 세력을 다투던 시대를 삼국 시대라고 해요.

삼국 중 가장 먼저 한강을 차지했던 나라는 백제였어요. 백제는 고구려를 건국한 주몽의 아들 온조가 한강 유역에 세운 나라예요. 처음에는 마한이라는 *연맹 왕국에 속한 작은 나라들 가운데 하나였지만, 고구려나 신라보다도 먼저 *전성기를 맞이했어요.

백제의 전성기를 이끈 사람은 근초고왕이에요. 근초고왕은 남쪽에 있는 마한에 속한 땅을 차지하고 영토를 크게 넓혔어요. 북쪽에서 고구려의 군대가 쳐들어왔을 때에는 용감히 싸워 고구려군을 물리쳤고, 고구려의 중요한 성이었던 평양성까지 공격했어요.

한편, 백제는 중국이나 일본 등 주변 나라들과 활발하게 교류했어요. 중국의 *선진 문물을 받아들여 백제의 문화를 크게 발전시켰고, 일본에 백제의 발전된 문화를 전해 주기도 했지요.

★ **연맹 왕국** 여러 부족이 힘을 합치거나, 다른 부족을 정복하여 하나의 국가를 만든 형태를 뜻해요.
★ **전성기** 힘이나 세력이 가장 클 때를 말해요.
★ **선진** 발전 정도가 다른 것보다 앞서는 것을 뜻해요.

당시 백제가 일본과 활발하게 교류한 것을 보여 주는 증거가 남아 있어요. 바로 '칠지도(七支刀)'라는 칼이에요. '가지가 일곱 개인 칼'이라는 뜻으로, 실제로도 7개의 칼날을 가지고 있어요.

근초고왕이 세상을 떠난 뒤 백제는 힘이 약해졌고, 고구려 장수왕의 공격으로 중요한 영토였던 한강 유역을 빼앗기고 말아요. 그 후 도읍을 웅진(지금의 공주)으로 옮겼고, 다른 지역과의 편리한 교류를 위해 사비(지금의 부여)로 도읍을 한 번 더 옮겼어요. 이후 백제는 신라와 힘을 합쳐 고구려를 몰아냈지만, 신라의 배신으로 옛 도읍을 되찾으려던 꿈을 끝내 이루지 못했지요.

고구려는 부여의 왕자 주몽이 졸본이라는 곳에 세운 나라예요. 중국과 국경을 맞닿고 있던 고구려는 중국과 경쟁하기도 하고 교류하기도 하면서 점점 발전했어요. 국내성으로 도읍을 옮긴 후에는 주변 국가들을 정복하며 엄청나게 큰 영토를 가지게 되었지요.

특히 광개토대왕은 고구려의 영토를 크게 넓혔어요.

서쪽으로는 중국의 *요동 지역을 차지했고, 남쪽으로는 백제의 도읍인 한성까지 영향력을 떨쳤어요. 당시 백제의 왕은 광개토대왕 앞에서 무릎을 꿇고 다시는 고구려를 넘보지 않겠다고 다짐하기까지 했어요.

광개토대왕의 아들 장수왕은 아버지의 업적을 기리기 위해 광개토대왕릉비를 세웠어요. 그리고 그 뜻을 이어 고구려를 더욱더 강한 나라로 만들었지요. 도읍을 평양으로 옮긴 장수왕은 백제를 몰아내고 한강 유역을 차지하여 광개토대왕에 이은 고구려의 전성기를 이끌었답니다.

삼국 중 마지막으로 살펴볼 나라는 신라예요. 박혁거세가 세운 신라는 진한 지역에서 성장했어요. 진한은 마한처럼 고조선이 멸망한 이후 철기 문화를 바탕으로 세워졌던 나라들 중 하나로, 한반도 남쪽에 자리했던 연맹 왕국이에요. 특히 진한의 *맹주였던 사로국은 지금의 경주 지역에 있던 나라지요. 신라는 경주를 중심으로 발전

✱ 요동 중국의 랴오허강(요하)을 기준으로 서쪽을 요서, 동쪽을 요동이라고 불러요.
✱ 맹주 연맹의 우두머리를 뜻해요.

했어요. 천 년에 가까운 시간 동안 경주는 신라의 유일한 도읍이었지요.

신라는 고구려와 백제보다 늦게 세워졌지만 차근차근 힘을 길러 세력을 넓혀 갔어요. 6세기가 되면서 ==법흥왕==은 낙동강을 넘어 금관가야 지역까지 세력을 넓혔고, ==진흥왕==이 다스릴 무렵에는 삼국 중 가장 강력한 힘을 가지게 되었어요.

심지어 이때 신라는 백제와 힘을 합쳐 고구려를 몰아내고 한강 유역을 차지하기도 했어요. 이후에 한강 유역을 탐내던 백제와도 싸워 이겨 마침내 한강 유역을 차지한 승자가 되었지요.

신라가 한강 유역을 차지하였다는 증거가 바로 서울 북한산 신라 진흥왕 순수비예요. 순수비는 왕이 직접 방문한 곳을 기념해 세운 비석이에요. 원래 북한산 꼭대기에 있었는데 오늘날 국립 중앙 박물관에 옮겨 와 전시하고 있어요.

진흥왕은 화랑도를 군사 조직으로 정비하여 많은 인재를 키워 냈어요. 화랑도는 나라를 위해 몸과 마음을 갈고 닦는 유능한 청소년들을 양성하는 단체였어요. 우리가 잘 알고 있는 김유신도 화랑 출신이지요. 진흥왕은 화랑을 비롯한 많은 인재들의 도움으로 당시 가야 연맹을 이끌던 대가야를 통합했어요.

그런데 삼국인 백제, 고구려, 신라 다음으로 자주 등장한 나라가 있지요? 맞아요. 가야예요. 가야는 신라보다 더 남쪽에 있던 나라로, 여러 나라들의 연맹으로 이루어졌어요. 백제, 고구려, 신라만큼의 힘은 없어 삼국에 들어가지는 않지만 뛰어난 철기 문화를 가지고 있었지요.

처음 가야 연맹을 이끈 나라는 김수로왕이 세운 금관가야였어요. 현재의 김해 지역에 있던 나라였지요. '철의 바다'라는 뜻을 지닌 지명에서도 알 수 있듯 김해는 질 좋은 철이 많이 생산되는 곳이었어요. 지금도 이 지역에서는 철로 만든 무기나 *마구가 많이 발견되고 있어요.

금관가야는 광개토대왕이 이끄는 고구려군에 의해 세력이 약화되었어요. 그 뒤를 이어 대가야가 연맹을 이끌었지만, 대가야 역시 진흥왕이 이끄는 신라군에게 점령당하고 말았지요.

★ 마구 말을 타거나 부리는 데 쓰는 도구예요. 말의 등에 얹어 사람이 탈 수 있게 만든 안장도 일종의 마구이지요.

이로써 철의 나라 가야는 삼국과의 경쟁에 밀려 역사 속으로 사라지게 되었어요.

👆 **문해력 쏙쏙**

고조선이 멸망한 전후 세워진 여러 나라 가운데  는 왕을 중심으로 국가의 체제를 체계적으로 갖추었다. 이 세 나라가 세력을 다투던 시대를 삼국 시대라고 한다.

　우리나라의 노래, 영화나 드라마, 음식, 문학 등 이른바 '케이 컬처(K-culture)'가 전 세계적으로 기세를 떨치고 있어요. 우리나라의 감독이나 배우가 유명한 해외 영화제에서 상을 받는가 하면, 우리나라 가수가 부른 노래가 해외 음원 차트의 높은 순위에 기록이 되기도 하지요. 나라가 강해지려면 문화의 힘이 중요하다고 했던 백범 김구 선생님의 말씀이 떠오르네요.

　그런데 오늘날의 케이 컬처 못지않은 독창적인 문화가 삼국 시대에도 있었다는 사실을 알고 있나요? 박물관에 왔다고 생각하고 삼국의 문화유산을 둘러보며 그 특징을 알아보도록 해요.

고구려의 가장 대표적인 문화유산은 고분 벽화예요. 벽화가 벽에 그린 그림이라는 건 모두 알고 있겠지요. 고분은 옛사람들이 남긴 무덤이에요. 옛사람들은 고분의 주인이 살아 있을 때 사용하던 물건을 그 안에 함께 묻고, 벽과 천장에 그림을 그리곤 했어요. 죽으면 삶이 끝나는 것이 아니라 죽음 이후에도 삶이 이어진다고 생각했기 때문이에요.

특히 고구려의 고분은 돌로 만든 넓은 방이 있어서 벽에 그림을 많이 그릴 수 있었어요. 그래서 백제와 신라에 비해 고구려의 고분 벽화가 많이 남아 있을 수 있었지요. 고분에 그려진 벽화를 보고 당시 사람들이 어떻게 생활했는지 추리할 수 있어요.

　앞의 그림은 고구려 고분 벽화 중에서도 유명한 〈수렵도〉예요. 수렵은 총이나 활 같은 도구로 짐승을 사냥하는 것을 뜻해요. 한마디로 수렵도는 사냥하는 모습을 그린 그림이지요. 사람들이 들고 있는 화살촉에 주목해 보세요. 끝이 뾰족하지 않은 것을 보니 사냥 연습을 하고 있는 것 같아요. 말을 타고 달리면서도 뒤돌아 활을 쏘려는 사람을 보니 주몽의 후예답게 활을 무척 잘 쏘았을 것 같네요. 고구려인의 씩씩하고 강인한 기상을 느낄 수 있어요.

　고구려의 문화유산 중에 우리나라의 국보로 지정된 것은 흔하지 않아요. 그중 하나가 ==금동 연가 7년명 여래 입상==이에요. 이름이 어렵지요? 쉽게 말하면 불상이에요. 불교에서는 깨달음을 얻은 사람을 '부처'라고 하는데 부처의 모습을 형상화한 것을 '불상'이라고 불러요. 구리로 모양을 만들고 겉에 금을 입혔기

때문에 이름에 '금동'이라는 단어를 붙였어요.

불상의 뒷면에는 한자로 연가 7년(539년)에 고구려에서 제작했다는 글자가 새겨져 있어요. 그 덕분에 이 불상이 우리나라에서 발견되고, 제작 시기와 제작 국가를 알 수 있는 불상 중 가장 오래된 것으로 밝혀질 수 있었지요. 문화유산은 만들어진 시기를 정확하게 알 수 있으면 더 높은 가치를 인정받아요.

백제도 고구려처럼 특색 있는 무덤 양식을 가지고 있었어요. 바로 벽돌무덤이에요. 고구려에게 한성을 빼앗긴 백제가 오늘날 공주 지역인 웅진으로 도읍을 옮겼던 것을 기억하지요? 그곳에서는 벽돌무덤이 2기나 발견되었어요. 그중 하나가 무령왕릉이에요. 무령왕릉을 통해 당시 백제가 중국, 일본과 활발히 교류했으리라 짐작할 수 있어요. 무령왕과 무령왕비의 관이 일본의 소나무로 만들어졌고, 무덤에서 중국의 문화유산도 함께 발견되었거든요. 무령왕릉에서 출토된 유물은 국립 공주 박물관에서 직접 확인할 수 있어요.

백제 금동 대향로는 백제의 문화유산 가운데 최고의 걸작이라고 해도 *손색이 없어요. 백제의 세 번째 수도였던

　사비 지역에 해당하는 부여 능산리 고분군 근처의 절터를 발굴하던 중 우연히 발견되었어요. 섬세한 장식이 돋보이는 백제 금동 대향로는 그동안 자료가 적어 증명하기 어려웠던 백제 문화의 우수성을 밝히는 귀중한 근거가 되었어요.

　더불어 이 향로는 당시 백제 사람들의 종교와 사고방식을 짐작할 수 있는 소중한 자료예요. 향로 가장 위쪽에는 봉황을, 뚜껑에는 백제 사람들이 생각하는 *도교적 꿈의 세계를, 몸통에는 불교와 관련된 연꽃을 조각하였고, 받침에는 생명의 근원인 바다를 상징하는 용을 표현했어요. 현재는 국립 부여 박물관에서 소장하고 있어요.

✽ **손색없다** 다른 것과 비교해도 모자라지 않고 뛰어나다는 뜻이에요.
✽ **도교** 무위자연과 신선 사상 등이 중심이 되는 종교예요. 무위자연은 있는 그대로의 자연을 높이 보고 그러한 삶을 살고자 하는 태도이고, 신선 사상은 늙지 않고 오래 산다는 신선이 될 수 있다고 여기는 믿음이에요.

전라북도 익산은 유네스코 세계 유산에 등재된 백제 역사 유적 지구에 포함되는 지역이에요. 백제의 도읍은 아니었지만 백제 말기의 여러 유적이 모여 있지요. 그중 가장 대표적인 것이 바로 **익산 미륵사지 석탑**이에요. 이 탑은 우리나라에 남아 있는 석탑 가운데 가장 크고 오래되었어요. 지금은 세월이 흘러 미륵사는 사라졌지만, 절터가 남아 있어 터를 의미하는 '지(址)'라는 글자를 이름에 붙였지요.

미륵사지 석탑에는 우리나라의 탑 양식이 나무로 만드는 목탑에서 돌로 만드는 석탑으로 변화하는 과정이 담겨 있어요. 보통 목탑은 사람이 드나들 수 있는 건물과 거의 유사한 모양인데 석탑은 그렇지 않아요. 그런데 미륵사지 석탑은 돌을 조각해 만들었지만 문도 있고, 나무로 만든 건축물처럼 기둥도 있지요.

일제 강점기에 일본은 벼락에 무너져 내린 석탑을 보수한다는 이유로 탑의 겉면에 시멘트를 발랐는데 그것을 모두 떼어 내고 복원하는

데만 무려 20년이 걸렸어요. 국립 익산 박물관에 가서 관련 유물과 함께 살펴보는 것을 추천해요.

이번에는 신라의 문화유산을 살펴보러 다 함께 경주로 떠나 봐요. 경주는 천 년 동안 신라의 유일한 도읍이었기 때문에 경주 자체가 하나의 커다란 박물관이라고도 할 수 있어요. 그만큼 많은 문화유산들이 발견되기도 했고요. 신라의 무덤은 도둑이 들어오기 어려운 구조였기 때문에 무덤을 발굴할 때마다 수많은 유물이 쏟아져 나와요. 특히 금으로 만든 문화유산이 많아 신라를 '황금의 나라'라고 부르기도 해요.

신라도 백제와 고구려처럼 불교와 관련된 문화유산이 많이 남아 있어요. 특히 신라는 백성들의 힘을 하나로 모으고 왕의 권위를 높이 세우기 위한 수단으로 불교를 이용했어요. 우리나라 최초의 여왕인 선덕 여왕은 이웃 나라가 쳐들어오는 것을 막아 내고자 분황사와 황룡사 9층 목탑을 만들어 나라의 힘을 한데 모으려고 했어요. 특히 황룡사 9층 목탑에는 1층부터 신라를 괴롭히던 주변 나라들의 이름을 새기고, 삼국 통일의 의지를 다졌지요.

가야는 철의 왕국이었어요. 그만큼 질 좋은 철이 많이

생산되었지요. 철을 잘 다루었던 가야 사람들은 덩이쇠를 화폐처럼 사용하기도 하고, 다른 나라보다 우수한 무기나 갑옷을 만들기도 했어요. 철을 이용해 다른 나라와 활발히 교류하기도 했고요. 기록이 남아 있지는 않지만 가야의 문화유산들은 오늘날 우리가 가야의 문화를 이해하는 데 많은 도움이 되고 있어요.

👉 문해력 쏙쏙

섬세한 장식이 돋보이는 ⓑ ⓧ ⓖ ⓓ ⓓ ⓗ ⓡ 는 그동안 자료가 적어 증명하기 어려웠던 백제 문화의 우수성을 밝히는 귀중한 근거가 되었다.

한강 유역을 두고 치열하게 경쟁했던 세 나라 중 최종 승자는 어느 나라였을까요? 맞아요. 바로 신라예요. 삼국 중 가장 늦게 성장한 신라는 어떻게 백제와 고구려를 꺾을 수 있었을까요?

당시 신라는 백제의 계속되는 침입에 어려운 상황이었어요. 급기야 훗날 태종 무열왕이 되는 김춘추의 딸과 사위가 백제로부터 성을 지키다 세상을 떠나는 일까지 벌어졌지요. 백제와 고구려의 견제를 이겨 내기 위해 신라는 중국의 '당'과 *동맹을 맺기로 하는데, 이를 나당 동맹이라고 해요.

✴ 동맹 나라나 무리가 서로 힘을 합치기로 약속하는 것을 뜻해요.

마침 당도 신라의 힘이 필요했어요. 고구려를 정복하고 싶은데 번번이 고구려의 힘에 밀려 실패를 맛봐야 했거든요. 당이 세워지기 이전에 '수'라는 나라가 있었는데, 수 역시 고구려를 차지하기 위해 침입한 적이 있었어요. 이때 고구려는 을지문덕을 보내 지금의 청천강 지역인 살수라는 곳에서 수를 크게 물리쳤지요. 바로, 살수 대첩이에요.

　　수가 망하고 세워진 당 역시 고구려를 힘으로 누를 수 없었어요. 한때 고구려를 공격하는 데 성공한 것처럼 보였으나 결국 안시성에서 패하고 되돌아가야 했지요. 그러니 당도 고구려를 차지하기 위해 신라의 힘이 필요했어요. 서로의 *이해관계가 잘 맞았던 거예요.

　　나당 동맹을 맺은 신라는 660년에 백제를 먼저 공격했어요. 황산벌에서 계백이 이끈 백제의 *결사대가 김유신이 이끈 신라군과 맞서 싸웠지만, 화랑을 앞세운 신라의 대군을 막아 낼 수는 없었어요. 물론 당의 군대도 신라를 도우러 왔고요. 결국 백제는 700년 역사를 끝으로 멸망했어요.

★ **이해관계** 이해는 이익과 손해를 함께 부르는 말이에요. 이해관계는 이런 이해가 얽혀 있는 관계라는 뜻이지요.
★ **결사대** 죽기를 각오하기로 결심한 사람들로 이루어진 부대를 뜻해요.

고구려 역시 수와 당에 걸쳐 계속되는 침입과 전투로 힘이 많이 약해진 상황이었어요. 거기다 권력 다툼이 심해 내부적으로도 분열된 상태였지요. 결국 668년 나당 동맹군의 평양성 공격으로 고구려도 멸망하고 말았어요.

신라는 백제와 고구려를 무너뜨렸지만 당의 움직임이 심상치 않았어요. 백제가 멸망한 후 당이 이전의 약속과 다르게 백제 영토를 직접 다스리려고 욕심을 부렸거든요. 신라가 이를 두고 볼 리 없겠지요? 신라가 반발하자 당은 신라까지 자신들의 영향력 아래 두려고 했어요. 이에 신라 문무왕은 당과의 전쟁을 선포했고, 매소성과 기벌포 전투에서 크게 이겨 당을 몰아내는 데 성공했어요. 마침내 삼국 통일을 이룬 거예요.

신라의 삼국 통일 이후 당은 고구려 *유민들을 중국 땅 이곳저곳에 옮겨 살게 했어요. 고구려 유민 출신인 대조영은 당의 횡포를 피해 고구려 유민들과 말갈족을 이끌고 동모산 부근에 나라를 세웠어요. 이 나라가 바로 발해예요.

발해는 스스로를 고구려를 계승한 나라라고 생각했어요. 발해의 2대 왕인 무왕이 일본에 보냈던 외교 문서를 살펴보면 '고구려의 옛 땅을 수복하고 부여의 전통을 이어받았다.'라는 표현을 찾을 수 있어요. 3대 왕인 문왕은 스스로를 '고려 국왕'이라 칭하기도 했고요. 여기서 '고려'는 '고구려'를 의미해요. 과거에 고구려가 '고려'라는 이름을 사용하기도 했거든요.

훗날 발해는 옛 고구려의 땅 대부분을 되찾기도 했어요. 이에 '바다 동쪽의 강성한 나라'라는 의미로, 주변 나라로부터 해동성국으로 불리기도 했답니다.

★ 유민 망하여 없어진 나라의 백성을 뜻해요.

문해력 쏙쏙

신라는 백제와 고구려의 견제를 이겨 내기 위해 당과 동맹을 맺기로 하는데, 이를 ㄴ ㄷ ㄷ ㅁ 이라고 한다.

신라에는 원효 대사라고 불리는 승려가 있었어요. 원효 대사는 불교를 더 깊이 공부하기 위해 신라를 떠나 당나라로 가기로 했지요. 배를 타러 가던 길에 원효 대사는 오래된 무덤가에서 밤을 보내게 되었어요. 한밤중에 목이 말라 잠에서 깬 원효 대사는 잠결에 옆에 있던 바가지에 담긴 물을 꿀꺽 마셨어요. 참으로 시원했지요. 그리고 다시 잠이 들었던 원효 대사는 아침에 눈을 뜨곤 깜짝 놀랐어요. 어제 마셨던 물이 담긴 곳이 바가지가 아닌, 사람의 해골이었던 거예요. 이때 원효 대사는 세상의 모든 진리는 스스로 마음 먹기에 달려 있다는 깨달음을 얻고, 다시 집으로 돌아갔다고 해요. 돌아온 원효 대사는 많은 사람들에게 이러한 깨달음을 전했고, 당시 신라의 백성들은 불교를 깊이 받아들였답니다.

불교는 사람들의 마음을 하나로 모으는 데 큰 힘을 발휘할 수 있는 종교였기 때문에 국가적으로도 불교를 숭상했지요. 이러한 특징은 통일 신라의 문화유산에도 잘 담겨 있어요.

경주 불국사는 통일 신라의 대표적인 절이에요. '불국'은 '부처가 있는 나라'를 의미해요. 그야말로 불국사는 불교에서 꿈꾸는 *이상 세계를 건축물로 표현한 절이지요.

불국사 *대웅전 앞에는 두 개의 커다란 탑이 있어요. 바로 경주 불국사 삼층 석탑과 다보탑이에요. 경주 불국사 삼층 석탑은 불교를 창시한 인도의 석가모니를 상징하는 탑이라 석가탑으로도 불려요. 균형과 비례의 아름다움으로 유명하지요. 다보탑은 이름 그대로 보물을 많이 걸친 듯 화려해요. 특히 경주 불국사 삼층 석탑에서는

✱ 이상 세계 인간이 생각할 수 있는 최선의 상태를 갖춘 완전한 세계를 뜻해요.
✱ 대웅전 큰 영웅을 모신 건물이라는 의미로 절에서 석가모니를 모시고 있는 곳이에요.
✱ 목판 글자나 그림을 새긴 나무 판이에요. 옛날에는 책을 찍는 데 사용했어요.

세계에서 가장 오래된 *목판 인쇄물인 《무구정광대다라니경》이 발굴되기도 했어요.

이처럼 많은 불교 문화유산을 품은 불국사는 옛 한국 절의 특징을 잘 보여 준다는 점과 건축물에 신라 사람들의 예술 감각이 녹아 있음을 인정받아 유네스코 세계 문화유산으로 지정되었어요.

우리가 석굴암이라고 부르는 경주 석굴암 석굴은 불국사와 함께 통일 신라 최고의 문화유산으로 손꼽혀요. 경주 토함산에 있는데, *석재로 많이 쓰이는 화강암을 동그란 동굴

✶ 석재 건축이나 조각을 하는 데에 재료로 쓰이는 돌을 뜻해요.

모양으로 쌓아 올려 그 위에 흙을 덮었어요. 중간에 기둥을 받치지 않고도 천장을 동그랗게 만든 것은 정말 대단한 기술이에요. 그리고는 굴 가운데 화강암으로 석가모니를 조각하고, 둘레에 불교와 관련된 여러 조각을 배치했어요. 석굴암은 당시 신라 인들의 뛰어난 건축, 수학, 과학 기술의 결과물이자 불교 예술의 극치라고 할 수 있어요. 그 가치를 인정받아 불국사와 마찬가지로 유네스코 세계 문화유산에 등재되었지요.

발해 역시 불교와 관련된 문화유산이 많아요. 가장 대표적인 것이 상경성 발해 석등이에요. 석등은 사찰에서 불을 밝히기 위해 돌로 만든 등이에요. 발해의 수도였던 상경 지역의 절터에서 발견되었어요. 현무암으로 만들었고 높이가 6미터가 넘는 대형 석등이지요. 고구려를 잇는 특유의 강건함과 웅장함이 잘 나타나고 있어요.

이불병좌상은 불교문화와 고구려 문화가 동시에 담겨 있는 발해의 문화유산 중 하나예요. 두 부처가 나란히 앉아 있는 형태의 불상이지요. 고구려의 금동 연가 7년명 여래 입상과 닮은 모습이에요. 그뿐만 아니라 발해의 온돌, 기와 문양, 지붕 끝에 있는 치미, 무덤의 구조 등에서도 고구려의 흔적을 찾을 수 있어요.

발해의 문화유산에서 고구려의 흔적만 찾을 수 있는 것은 아니에요. 발해는 당시 주변에서 가장 번성한 나라였던 당과 교류하며 선진 문화를 받아들이는 데에도 노력을 기울인 개방적인 국가였답니다.

👆 **문해력 쏙쏙**

경주 불국사 삼층 석탑에서 발견된 《ㅁ ㄱ ㅈ ㄱ ㄷ ㄷ ㄹ ㄴ ㄱ》은 세계에서 가장 오래된 목판 인쇄물이다.

문해력 튼튼

● 다음 글을 읽고, 질문에 답해 보세요.

죽은 자를 위한 집, 고구려의 고분 벽화

황해도에 위치한 안악 3호분은 가장 큰 규모의 고구려 고분입니다. 고분 안의 벽화는 보존 상태가 좋아 고구려 사람들의 생활상을 연구하는 데 훌륭한 자료가 되고 있습니다. 특히 앞방 동쪽과 서쪽 곁방에는 안채를 비롯해 귀족 저택의 여러 건물이 그려져 있습니다. 고구려 사람들은 왜 고분에 벽화를 그려 넣었을까요?

고분을 만들 때는 고인이 살던 집을 그대로 구현하고자 했습니다. 사람이 죽고 나면 그대로 삶이 끝나는 것이 아니라 죽고 나서도 이어진다고 생각했기 때문입니다. 고인이 되고 나서도 생활할 공간이 필요하다고 생각한 것이지요. 그래서 귀족들이 사는 기와집처럼 무덤의 벽에 기둥을 그려 넣기도 했습니다. 안악 3호분에는 실제로 돌기둥을 세워 놓기도 했지요. 하지만 무덤 안에 실제로 집을 짓는 것은 불가능한 일이었습니다. 그래서 사람들은 필요한 공간을 그림으로 대신하기로 했습니다.

먼저, 무덤의 앞방 서쪽 곁방에는 시녀와 시종들의 시중을 받는 무덤 주인 부부의 모습을 그려 놓았습니다. *안채와 *사랑채를 표현한 것이지요. 그뿐만 아니라 부엌, 고기 창고, 수레 차고, 방앗간, 외양간, 마구간, 우물 등 여러 건물의 그림을 그려 놓아 무덤 전체가 실제로 귀족이 살던 저택처럼 느껴지게 만듭니다.

안악 3호분의 동쪽 곁방에 있는 〈부엌, 고기 창고, 수레 차고〉는 고구려 사람들의 생활 모습을 예상할 수 있는 대표적인 벽화입니다. 벽화의 왼쪽에는 시녀들이 음식을 조리하고 상을 차리는 부엌이 보입니다. 조리하는 곳과 상을 차리는 곳이 따로 있는데 상차림이 끝나면 시녀는 상을 들고 귀족에게로 가져갑니다. 그 옆은 고기 창고입니다. 아주 권세 높은 귀족의 저택에는 고기 창고도 따로 있었습니다. 고개를 돌려 우측을 보면 차고가 보입니다. 두 대의 수레가 있는데 아마도 무덤의 주인인 귀족 부부가 타고 다니던 수레일 겁니다.

이번에는 동쪽 곁방에 있는 〈우물〉을 살펴보겠습니다.

우물 정(井) 자 모양의 우물 옆에는 다양한 크기와 모양의 항아리가 놓여 있습니다. 말이나 소에게 먹이를 담아 주던 구유도 보입니다. 시녀는 우물에서 열심히 물을 긷고 있습니다.

이처럼 안악 3호분의 벽화에는 고구려 사람들이 살아가는 일상의 모습이 생생하게 묘사되어 있습니다. 특히 무덤의 주인인 귀족들이 얼마나 풍요로운 삶을 살았는지 짐작해 볼 수 있습니다.

✱ 안채 집에서 주로 여성이 생활하던 공간이에요.
✱ 사랑채 집에서 주로 남성이 생활하며, 외부 손님을 맞이하던 공간이에요.

● 안악 3호분 벽화에 묘사된 장면들 가운데 고구려 사람들의 생활 모습을 알 수 있는 요소는 어떤 것이 있는지 말해 보세요.

● 글에 설명된 안악 3호분의 벽화는 어떤 모습일지 상상하여 그려 보고, 실제 안악 3호분에 그려진 벽화 사진을 누리집에서 찾아 직접 그린 그림과 비교해 보세요. .

독창적 문화를 발전시킨 고려

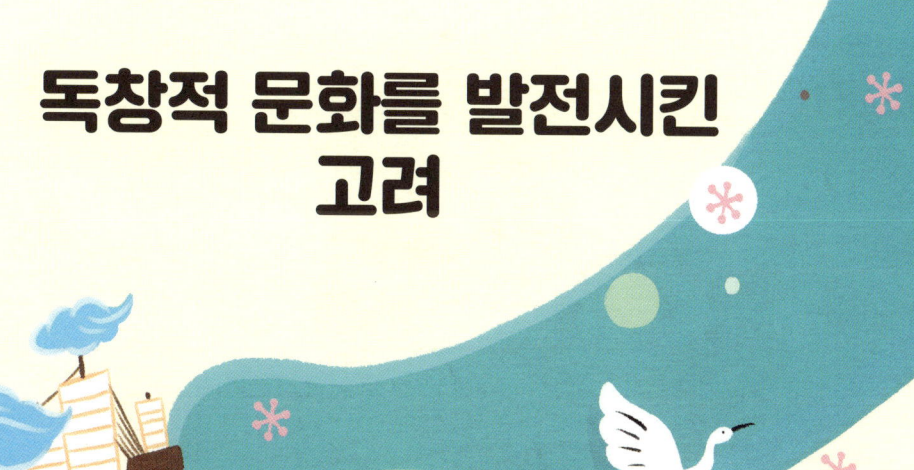

  우리나라의 영어 명칭은 '코리아(Korea)'예요. 왜 이렇게 부르기 시작했을까요? 그 기원을 찾아 거슬러 올라가면 고려라는 나라를 만날 수 있어요. 고려와 무역을 하던 아라비아의 상인들은 고려를 '코리아'라고 발음했대요. 고려, 코리아. 어때요? 발음이 비슷하지 않나요?

  통일 신라 말기에는 왕위를 차지하기 위한 싸움이 벌어져 정치가 혼란해지고, 왕실과 귀족들의 사치스러운 생활로 나라 살림이 점점 어려워졌어요. 기록을 살펴보면 황금으로 꾸민 집이 등장할 정도였다고 해요. 지배층이 화려한 생활을 하는 것과 달리 백성의 삶은 어려워졌어요. 먹고 살기 힘들어 고향을 떠나 여기저기 떠돌아다니다가 도적이 되는 경우도 많았지요.

그 무렵 지방에서는 경제력과 군사력을 바탕으로 힘을 가진 세력이 등장했어요. 이를 호족이라고 해요. 백성들은 왕실이나 귀족 대신 지방의 힘 있는 호족에게 기대기 시작했어요.

호족들은 군사를 모아 그곳의 백성을 *독자적으로 다스릴 만큼 강해졌어요. 900년에는 견훤이라는 호족이 후백제를 세웠고, 901년에는 궁예라는 호족이 후고구려를 세워 순식간에 힘을 키웠지요. 이렇게 해서 신라, 후백제, 후고구려가 함께 존재하는 후삼국 시대가 열렸어요.

하지만 시간이 지날수록 궁예는 포악하게 나라를 다스렸어요. 심지어 자신의 기분에 따라 다른 사람의 목숨을 빼앗기도 했지요. 궁예에게 시달린 사람들은 왕건에게 새로운 왕이 되어 달라고 했어요. 그 당시 왕건은 후고구려의 신하로, 많은 공을 세워 사람들의 지지를 받던 인물이었거든요. 결국 왕건은 918년에 궁예를 몰아내고 왕이 되어 나라 이름을 '고려'로 고쳤어요.

*독자적 다른 사람에게 의지하지 않고 혼자 힘으로 하는 것을 뜻해요.

"누가 기침 소리를 냈는가?"

고려가 처음부터 후백제보다 강했던 건 아니었어요. 오히려 후백제와의 전투에서 크게 패배했던 적도 있었지요. 하지만 고려는 포기하지 않고 힘을 길렀어요. 각 지방의 호족들과 결혼을 통해 동맹을 맺고 고려의 편으로 *포섭하여 세력을 키웠지요. 이 때문에 왕건의 부인은 29명이나 되었다고 해요. 이미 힘이 약해진 신라는 세력을 키운 고려에게 스스로 항복했어요.

이 와중에 후백제는 왕자들이 왕의 자리를 두고 서로 싸우고 있었어요. 맏아들 신검이 아버지 견훤을 금산사라는 절에 가두어 버리지요. 이에 화가 난 견훤은 고려에 항복했고, 결국 신검이 이끌던 후백제는 고려의 공격에 무너지고 말았어요. 이렇게 해서 고려는 후삼국을 통일할 수 있었어요.

★ 포섭하다 상대편을 자기편으로 만드는 것을 말해요.

태조 왕건은 연이은 전쟁으로 힘들어진 백성들의 삶을 안정시키기 위해 세금을 줄이고, 굶주린 백성들을 위해 곡식을 빌려주기도 했어요.

게다가 고려는 그 이름에서 알 수 있다시피 고구려를 계승한 나라였어요. 북쪽의 옛 고구려 땅을 되찾기 위해 노력하고 거란에 멸망한 후 고향을 떠났던 발해 유민들을 받아 주기도 했지요.

👆 **문해력 쏙쏙**

통일 신라 말, 지방에서는 경제력과 군사력을 바탕으로 힘을 가진 세력이 등장했는데, 이를  이라고 한다.

만일 우리가 고려에 살고 있는 백성이었다면 정말 힘들었을 거예요. 고려는 다른 나라의 침략을 무척 많이 받은 나라거든요. 거란의 침입부터 시작해서 여진, 몽골, *왜구까지 전쟁이 끊이지 않았어요.

가장 먼저 고려를 위협한 나라는 거란이었어요. 거란은 5세기 무렵 중국 동북 지방에 나타나 살던 민족이에요. 거란은 당이 멸망한 이후 세력을 키워 나라를 세웠어요. 고려는 발해를 멸망시킨 거란을 경계하지 않을 수가 없었지요. 당시 고려는 거란이 아닌 송과 친하게 지냈거든요.

★ 왜구 우리나라 백성들의 곡식과 재물을 빼앗아 가던 일본 해적을 말해요.

　고려가 못마땅했던 거란은 993년에 많은 군사를 이끌고 고려를 쳐들어왔어요. 고려 내부에서는 땅을 떼어 주고 항복하자는 이들이 많았어요. 하지만 이에 용감하게 반대하는 사람이 있었으니, 그가 바로 서희예요.

　서희는 거란의 장수 소손녕과 직접 만나 고려를 침입한 이유를 물었어요. 그러자 소손녕이 말하기를, 고려는 신라의 땅에서 일어난 나라인데 거란이 차지하고 있는 고구려의 땅을 빼앗으려고 하기 때문이며, 가까운 거란을 두고 멀리 떨어진 송과 가깝게 지냈기 때문이라고 답했어요.

서희는 소손녕의 이야기를 듣고 곧바로 고려와 친하게 지내고 싶어하는 거란의 속마음을 알아챘어요. 서희는 고려가 고구려의 뜻을 이어 세워진 나라임을 밝히고, 거란과 가까이 지내지 못하는 것은 여진이 압록강 일대에서 가로막고 있기 때문이라고 답했어요. 그리고 거란과 친하게 지내는 것을 방해하는 여진을 몰아내도록 도와달라고 했지요. 서희의 이야기에 소손녕은 마음이 움직였어요. 결국 소손녕은 거란군을 이끌고 자신의 나라로 돌아갔고, 고려는 *강동 6주라 불리는 영토를 얻을 수 있었어요.

그 뒤로도 거란은 여러 차례에 걸쳐 다시 고려를 쳐들어왔어요. 그중 2차 침입 때는 수도 개경을 빼앗기고 왕이 전라도 나주까지 피신하는 등 고려가 크게 밀렸어요. 하지만 고려는 끝까지 포기하지 않고, 돌아가는 거란군을 공격해 피해를 주었어요. 양규 장군의 군대는 자신들의 목숨을 걸고 거란에 잡혀 있던 수만 명의 고려 백성들을 구출하기도 했지요.

★ 강동 6주 흥화진, 용주, 통주, 철주, 귀주, 곽주 등 압록강 동쪽의 6개의 지역으로, 현재의 평안도 지역에 해당해요.

거란의 침입은 3차례에 걸쳐 이루어졌어요. 마지막 3차 침입 때는 강감찬의 활약이 유명해요. 거란은 예전에 고려가 가져간 강동 6주를 돌려줄 것을 요구했어요. 그곳은 군사, 교통 면에서 아주 중요한 곳이었거든요. 고려는 거란이 다시 쳐들어올 것을 예상하고 강감찬에게 *물자와 군사 훈련을 준비시켰어요. 그 덕분에 고려는 계속되는 전투에서 승리할 수 있었지요. 특히 흥화진 전투에서는 거란군이 지나는 길목에서 강물을 *둑으로 막아 두고 미리 군사들을 숨어 있게 했다가 거란군이 지나가는 순간 강물을 흘려보내 거란군을 크게 무찔렀어요. 거란은 자신들이 패배할 수밖에 없음을 깨닫고 돌아가기로 했지만, 강감찬이 이끄는 고려군은 돌아가는 거란군을 놓치지 않고 귀주에서 크게 물리쳤어요. 이 전투가 유명한 귀주 대첩이에요.

거란에 이어 고려를 침입한 나라는 여진이에요. 고려를 부모의 나라로 섬기던 여진은 힘을 키우자 고려의 국경을 위협했어요. 고려는 몇 차례 벌어진 여진과의 전투

✱ 물자 활동하는 데 필요한 여러 가지 물건이나 재료를 뜻해요.
✱ 둑 홍수를 막거나 물을 저장하기 위해 돌이나 흙으로 높이 쌓은 언덕이에요.

에서 번번이 패하고 말았어요. 여진군은 말을 잘 타는 *기병이 중심이었지만 고려는 대부분 *보병이었거든요. 이에 윤관은 여진 정벌을 위해 보병과 기병이 함께 있는 별무반을 만들어야 한다고 건의했어요.

윤관이 이끄는 별무반은 3년 동안 여진에게 본때를 보여 주기 위해 열심히 훈련에 임했어요. 그리고 1107년 겨울, 고려는 17만 대군을 이끌고 나가 마침내 여진 정벌에 성공했지요. 고려는 여진족을 몰아낸 곳에 9개의 성을 쌓았어요. 우리나라의 동북쪽에 있는 성이라고 해서 동북9성이라고 해요.

거란과 여진에 이어 고려를 침입한 나라는 몽골이에요. 몽골은 금을 세운 여진과 남쪽으로 밀려간 송을 멸망시키고, 중앙아시아를 넘어 동유럽까지 진출해 엄청나게 넓은 영토를 차지했어요.

그런 몽골이 이런저런 핑계로 전쟁을 일으켰어요. 고려에 왔던 몽골 사신 저고여가 몽골로 돌아가던 길에 죽자 고려가 그를 살해했다고 덮어씌운 거예요. 그렇게 판

★ 기병 말을 타고 싸우는 군사를 뜻해요.
★ 보병 걸어서 이동하며 싸우는 군사를 뜻해요.

단할 만한 정확한 근거도 없었는데 말이지요.

　1231년, 몽골이 고려 땅을 침입했어요. 몽골의 장수 살리타가 군사를 이끌고 귀주성에 도착했어요. 이에 고려의 군사들은 필사적으로 맞서 싸웠고, 끝내 귀주성을 지켜 냈어요. 온 백성이 똘똘 뭉쳐 몽골군의 공격을 막아 냈지요.

　그러나 이후에도 몽골의 공격은 계속되었어요. 고려는 초원에서 나고 자란 몽골군이 바다에서는 약할 것이라고 판단해서 도읍을 강화도로 옮겼어요. 몽골군은 고려 정부가 강화도에서 나올 것을 요구하며 육지에 남아 있는 백성들을 못살게 굴었지요. 이때 남쪽의 처인성에 머물던 승려 김윤후와 백성들은 온 힘을 다해 몽골군과 맞서 싸웠고, 끝내 몽골군을 되돌아가게 했어요.

　하지만 수십 년에 걸쳐 전쟁이 계속되다 보니 점차 몽골의 앞잡이가 되는 사람들도 생겨나고, 반란을 일으켜 몽골에 항복하는 사람들도 나타났어요. 고려 왕은 길고도 길었던 몽골과의 전쟁을 끝내고 싶었어요. 결국, 고려는 1270년에 몽골의 뜻대로 도읍을 다시 개경으로 옮겼지요.

삼별초라고 부르는 일부 군인들은 이러한 고려 정부의 결정에 반대해 강화도에서 진도, 제주도로 옮겨 다니며 고려 정부와 몽골에 끝까지 맞섰지만 결국 실패로 끝이 나요.

고려는 나라의 이름은 유지할 수 있었지만 몽골이 세운 나라 원에게 끊임없는 간섭을 받았어요. 원은 쌍성총관부를 두어 고려의 일부 영토를 직접 지배하려고 했고, 고려에 금, 은, 인삼, 매 등을 바치게 했어요. 고려는 원에 보낼 매를 잡아 기르기 위해 응방을 설치하기도 했지요. 심지어 원은 결혼하지 않은 여자를 바치게 했어요. 이 사람들을 공녀라고 해요. 당시 고려에서는 공녀로 끌려가지 않기 위해 10대 초반의 어린 나이에 일찍 혼례를 올리는 조혼이 유행하기도 했어요.

한편, 고려 내부에서는 원에 아부하는 세력이 생겨났어요. 원에 의지하여 생겨난 권세 있는 가문, 즉 권문세족은 원의 힘을 등에 업고 백성들을 괴롭혔지요.

계속되는 원의 간섭에서 벗어나려고 노력한 왕도 있었어요. 바로 공민왕이에요. 공민왕은 원에 아부하던 세력을 제거하고, 쌍성총관부를 공격해 빼앗겼던 영토를 되찾았어요. 고려에 유행하던 몽골 풍습을 금지하고 고려의 풍습을 지키기 위해 노력하기도 했지요. 이러한 자주적인 노력 덕분에 고려는 고유한 역사와 문화를 지킬 수 있었어요.

👆 **문해력 쏙쏙**

거란의 1차 침입 당시 고려는  의 활약으로 강동 6주 지역을 얻을 수 있었다.

　물건이나 식재료의 원산지를 확인할 때면 '메이드 인 코리아(made in korea)'라는 표현을 자주 볼 수 있어요. 우리나라에서 만들었다는 뜻이에요. 우리는 무역을 통해 다른 나라에서 만든 물건과 식재료 등을 구할 수 있어요. 우리나라에서 만든 것 역시 외국으로 수출할 수 있고요. 그렇다면 고려는 어땠을까요?

　고려의 국제 교역 중심지는 벽란도라는 곳이었어요. 벽란도는 고려의 수도 개경 근처의 예성강 하류에 위치한 항구로, 이름은 송의 사신이 머무는 *관사였던 벽란정에서 유래했어요. '푸를 벽(碧)', '물결 란(瀾)', '정자 정

★ 관사 관리가 살도록 관청에서 지은 집을 뜻해요.

(亭)' 자를 쓰는 벽란정은 푸른 물결이 넘치는 정자, 즉 밤에도 낮처럼 환하게 밝혀진 곳이라는 뜻이에요.

고려는 특히 송과 가장 활발히 무역을 했어요. 고려 사람들은 송의 비단을 무척 귀하게 여겼지요. 송의 문화가 고스란히 담긴 서적도 최고의 수입품이었고요. 송에서 만든 도자기도 인기 있는 물건이었지요. 도자기는 흙으로 그릇의 형태를 만든 후 약품을 발라 뜨거운 불에 구워야 만들 수 있었는데, 당시 송은 석탄을 사용해 불 온도를 높이는 기술이 있었기 때문에 좋은 도자기를 만들 수 있었어요.

그렇다면 송에서 인기가 좋았던 '메이드 인 고려' 상품에는 무엇이 있을까요? 바로, 인삼이에요. 고려 인삼은 질이 좋고 효과가 좋아 당시 송의 사람들에게 인기 만점이었다고 해요.

또 고려의 종이와 *먹도 최고의 상품으로 인정받았어요. 특히 종이의 경우 빛깔이 희고 질기며 윤기가 흘러 종이 중에서도 최상품으로 평가받았다고 해요.

★ 먹 그림을 그리거나 글을 쓰기 위해 벼루에 물을 붓고 갈아서 검은 물감을 만드는 재료예요.

거란, 여진, 일본과의 교역은 어땠을까요? 거란과 여진은 은이나 말, *모피 등을 고려에 보내고 그들에게 늘 부족했던 곡식과 농기구를 가져갔어요. 일본은 *유황, *수은을 고려에 보내는 대신, 서적을 비롯한 선진 문물과 주요 특산품이었던 인삼과 곡식을 가지고 갔지요. 유황은 화약의 원료로 쓰였던 광물이에요.

그 외에 고려의 무역 상대 중 빠질 수 없는 사람들이

★ **모피** 털이 그대로 붙어 있는 짐승의 가죽을 뜻해요.
★ **유황** 불에 타면 고약한 냄새가 나고, 화약이나 성냥의 원료로 쓰이는 노란 물질이에요.
★ **수은** 보통 온도에서 액체 상태인 은백색의 금속으로, 온도계에도 사용해요.

있어요. 바로 아라비아 상인들이에요. 고려와 송의 무역이 활발해지면서 송에 있던 아라비아 상인들이 고려에도 방문했어요. 아라비아 상인들은 고려에 동남아시아나 서남아시아에서 나는 향신료와 산호를 가져오고 고려에서는 금과 은 등을 가져갔어요. 그들이 가져온 산호는 주로 장신구나 공예품으로 사용했다고 해요.

👆 문해력 쏙쏙

ㅂ ㄹ ㄷ 는 고려의 수도 개경 근처의 예성강 하류에 위치한 항구로, 고려의 국제 교역 중심지였다.

고려는 국가적으로 불교를 *숭상하는 나라였어요. 대부분의 고려 사람들이 불교를 믿었지요. 그러다 보니 불교의 힘이 무척 강했어요. 절은 나라에서 많은 혜택을 받아 땅과 노비도 가질 수 있었지요. 고려는 불교를 바탕으로 화려한 문화를 꽃피울 수 있었답니다.

경상남도 합천 해인사에는 팔만대장경이 보관되어 있어요. '대장경'은 부처의 가르침과 불교에서 지켜야 할 규칙, 부처의 말씀을 연구하고 해석한 내용을 *집대성한 것을 말해요. 대장경을 새긴 나무 경판의 수가 8만 장이 넘

✱ **숭상하다** 높이 받들고 소중히 여기는 것을 뜻해요.
✱ **집대성하다** 여러 가지를 모아 하나의 체계로 완성한 것을 뜻해요.

어 팔만대장경이라고 부르지요. 몽골이 침입하기 전에 한 번 만든 적이 있었으나 몽골의 침입으로 불에 타서 없어지고, 다시 만든 것이 바로 이 팔만대장경이에요. 그래서 처음 만든 대장경을 초조대장경, 다시 만든 팔만대장경을 재조대장경이라고도 불러요.

  8만 장이라니! 상상하기 어려울 정도로 엄청난 양이지요? 고려 사람들이 이렇게나 많은 경판을 만든 이유는 무엇이었을까요? 바로, 부처의 힘으로 몽골을 물리치고자 하는 간절한 마음 때문이었어요. 고려 사람들은 나라에 힘든 일이 있을 때마다 부처의 힘에 의지하곤 했거든요.

대장경판은 많은 사람이 함께 새겼지만 글자의 모양이 아주 고르고, 약 5천 2백만 자의 글자 중 틀린 글자가 거의 없어요. 그만큼 고려 불교문화의 높은 수준을 알 수 있는 대목이지요. 그 가치를 인정받아 유네스코 세계 기록 유산으로 등재되었답니다.

　나무로 만든 팔만대장경이 이토록 긴 세월 동안 잘 보존될 수 있었던 것은 팔만대장경을 보관하고 있는 해인사 장경판전 덕분이에요.

　해인사 장경판전은 고려 시대가 아닌, 조선 시대에 만들어진 건물로, 구조가 무척 과학적이라는 평가를 받아요. 습한 공기는 적게 들어오고 빨리 나가도록, 건조한 공기는 많이 들어오고 오래 머물 수 있도록 건물이 설계되어 있어요. 숯, 석회, 모래, 소금 등을 이용해 자연적으로 습도를 유지할 수 있게 하였지요. 그래서 나무로 만든 대장경판이지만 700년 이상 문제없이 보관할 수 있었어요. 해인사 장경판전 역시 팔만대장경과 함께 유네스코 세계 유산으로 지정되었어요.

　한편, 고려는 뛰어난 인쇄 기술을 가지고 있었어요. 목판 인쇄술은 큰 목판에 한 쪽 또는 한 장을 새겨 놓은 것이기 때문에 인쇄 중에 글자가 틀어지거나 움직일 가능성이 낮아요. 틀릴 위험이 적지요. 하지만 나무의 갈라지고 휘는 성질 때문에 오래 보관하기 어렵고, 커다란 판에 내용을 한 번 새기면 한 종류의 책만 인쇄할 수 있다는 단점이 있어요. 하나의 책을 대량으로 생산할 때 적합한 방식이에요.

하지만 고려가 세계 최초로 발명한 금속 활자 인쇄술은 판에 글자를 새기는 것이 아니라 구리 등의 금속으로 한 글자, 한 글자를 따로 만든 후 글자를 짜 맞춰 인쇄에 사용하는 방식이에요. 인쇄할 때 흔들림이 있을 수 있기 때문에 다양한 책을 소량으로 생산할 때 적합하지요. 또 금속 활자 인쇄술은 목판 인쇄술보다 변형이 적어 오랜 기간 사용할 수 있다는 장점도 있어요.

이렇게 금속 활자로 인쇄한 책이 바로 세계 최초의 금속 활자본인 《직지심체요절》이에요. 유네스코가 선정한 세계 기록 유산이고, 현재는 프랑스 국립 도서관에 보관되어 있어요.

한편, 화려한 고려 지배층의 문화를 엿볼 수 있는 문화유산도 있어요. 바로 고려를 대표하는 가장 유명한 예술품,

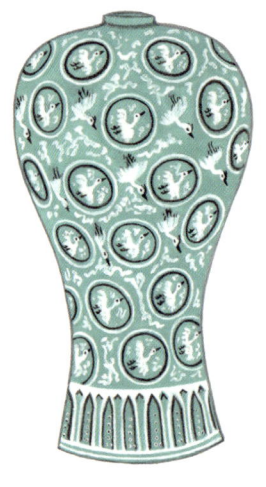
고려청자예요. 고려청자는 1,200℃ 이상의 아주 높은 고온에서 구워야 하기 때문에 청자 제작에 적합한 흙이 필요해요. 그뿐만 아니라 높은 온도를 일정하게 유지하기 위한 가마 제작 기술과 불을 다루는 기술이 뛰어나야 만들 수 있었지요. 그만큼 도자기를 만드는 고려의 기술이 아주 수준 높았다는 것을 알 수 있어요.

청자를 만드는 기술은 중국에서 들여왔으나 고려는 점차 중국과 다른 독창적인 기술을 발달시켰어요. 고려청자는 당시에도 높은 가치를 인정받아 최고급으로 인식되었지요.

특히 고려는 상감 기법이라는 고유의 공예 기법을 적용해서 상감 청자라는 독창적인 청자를 만들어 냈어요. 상감 기법은 흙으로 모양을 빚은 뒤 무늬를 파내고 그 자리에 다른 색 흙을 채운 것이에요.

고려 시대에는 주전자나 꽃병, 접시, 향로, 베개 등 다양한 생활 용품을 청자로 만들었어요. 하지만 청자는 만들기가 까다로워 비쌌기 때문에 지배층이 주로 사용했답니다.

👍 **문해력 쏙쏙**

는 화려한 고려 지배층의 문화를 엿볼 수 있는 문화유산이다. 주전자나 꽃병, 접시, 향로 등 다양한 생활 용품으로 사용되었으며, 만들기가 까다로워 비쌌기 때문에 지배층이 주로 사용했다.

문해력 튼튼

● 다음 글을 읽고, 질문에 답해 보세요.

꼬마 신랑 수봉이

수봉이의 아내인 금옥이는 겨우 일곱 살이었다. 금옥이네 집은 소문으로만 듣던 개경의 화려한 십자거리 한가운데에 있었다. 양가 어른들은 수봉이가 처갓집에 들어가서 살지 말지를 의논했다. 아무도 수봉이가 어떻게 하고 싶은지 묻지 않았다. 금옥이는 하나밖에 없는 귀한 딸자식이었다. 그래서 수봉이는 자연스레 하나밖에 없는 사위가 되어 처갓집으로 들어가야 했다.

(……)

처갓집에서 산 지 반년이 지난 어느 날, 장인어른이 수봉이를 불렀다.

"원나라 말은 어느 정도 익혔는가?"

수봉이가 대답을 하지 않자, 장인어른은 짐작하고 있다는 듯 고개를 끄덕였다.

"쉽지 않겠지. 다른 나라 말을 배우는 것이 보통 어려운 일이겠는가. 그래도 출세를 하려면 원나라 말 공부를 게

을리 하지 말아야 하네. 이제부턴 차차 매사냥도 배워야 할게야."

"매사냥이요?"

수봉이는 눈을 동그랗게 뜨고 되물었다.

"조만간 응방에 가기로 되어 있으니 준비해 두고."

그때 금옥이가 들어와서 눈을 동그랗게 뜨고 물었다.

"아버지, 응방이 어디야? 뭐하는 곳이야?"

(……)

"원나라 사람들은 말이다. 우리나라를 부마(임금의 사위)의 나라라고 하면서 나랏일에 무턱대고 참견, 아니지, 하나하나 돌봐 주려고 한단다. 그런 원나라 사람들이 귀하게 여기는 매를 기르는 곳이 응방이야. 고려 사람들이 너도나도 모여드는 곳이기도 하고. 힘센 원나라에 좋은 매를 바치면 출세하기가 쉬워지니까. 응방에 가면 매사냥도 배우고, 권문세가의 자제들이나 원나라 사람들과 친하게 지낼 수 있지 않을까 생각하는 거지. 그래서 우리도 하나밖에 없는 귀한 사위를 응방에 보내기로 결정한 거란다."

"예!"

금옥이의 대답 소리가 마치 참새 같았다. 다행스럽게도 금옥이는 수봉이를 따라가겠다고 고집을 피우지는 않았다. 그렇게 수봉이는 응방으로 오게 된 거였다.

● 글에서 원이 고려 사회에 간섭하던 모습을 보여 주는 사례를 찾아 써 보세요.

● 수봉이의 아내 금옥이처럼 고려 시대에 어린 나이의 여성이 일찍 혼례를 올리는 풍습이 생긴 까닭은 무엇일지 생각해 보세요.

민족 문화를 지켜 나간 조선

고려는 외세의 침략을 많이 받았다고 했지요? 특히 고려 말에는 그 정도가 훨씬 심했어요. 북쪽에서는 붉은 두건을 쓰고 일어난 홍건적이, 남쪽에서는 왜구가 호시탐탐 고려를 침략하고자 했지요. 그래서 고려의 백성들은 늘 불안에 떨며 살 수밖에 없었어요.

게다가 당시 지배 세력이었던 권문세족의 횡포도 엄청났어요. 권문세족은 고려 후기의 지배 세력으로, 원 간섭기에 원의 세력을 배경으로 성장한 세력이에요. 이들은 특권을 유지하기 위해 과거를 치르지 않고도 후손에게 권력을 물려줄 수 있는 제도를 누리고, 대규모의 토지를 소유해 백성들의 노동력과 세금을 착취했어요.

고려의 혼란한 상황을 지켜보며 권문세족의 반대편에서 조금씩 힘을 키워 간 세력들이 있어요. 바로 신흥 무인 세력과 신진 사대부예요. 신진 사대부는 *성리학을 공
부하고 과거 시험을 쳐서 관리가 된 사람들이고, 신흥 무인 세력은 홍건적과 왜구의 침입을 물리치며 힘을 키운 사람들이에요. 조선을 건국한 이성계가 대표적인 신흥 무인 세력이지요.

당시 고려의 북쪽에서는 원을 누르고 명이라는 새로운 나라가 등장했어요. 명은 고려의 영토였던 철령 이북의 땅을 가져가겠다고 주장했어요. 그곳은 원 간섭기에 공민왕이 원으로부터 되찾은 곳이었는데, 명은 원래 주인이 자신들이니 다시 찾아가겠다는 것이었지요. 명의 요구에 당시 고려의 *실권을 가지고 있었던 최영은 요동을

★ 성리학 조선의 통치 이념이 된 학문이에요. 인간 심성과 우주의 본질을 탐구하는 한편, 실천적인 성격도 가지고 있지요.
★ 실권 어떤 일을 실제로 할 수 있는 권력이나 권리예요.

정벌해 명에게 본때를 보여 주어야 한다고 생각했어요. 그래서 부하인 이성계를 시켜 요동 정벌을 떠나게 했지요.

그런데 이성계는 최영과 생각이 달랐어요. 명과 맞서는 것은 무모한 일이라고 생각했지요. 하지만 이성계의 반대에도 최영은 이성계를 요동으로 보냈어요.

결국 이성계는 위화도라는 곳에 다다랐을 때 군대를 돌렸어요. 그리고는 그대로 수도인 개경을 공격했지요. 최영은 온 힘을 다해 맞섰지만 요동 정벌을 위해 대부분의 군대를 이성계에게 맡겼기 때문에 힘이 부족할 수밖에 없었어요. 마침내 이성계는 반대 세력을 제거하고, 고려의 실권을 장악하게 되었지요.

권력을 잡은 이성계는 혼란한 사회를 개혁하기 위해 인재를 받아들이고 제도를 만드는 등 여러 가지 노력을 했어요. 이때 이성계를 도운 사람이 바로 신진 사대부 중 하나인 정도전이에요. 두 사람은 이미 *부패한 고려를 무너뜨리고 새로운 나라를 세우겠다는 목표를 세웠어요.

하지만 모든 신진 사대부들이 다 같은 생각을 가지고

★ **부패하다** 정치나 사회가 나쁜 길로 빠진다는 뜻이에요.

있던 것은 아니었어요. 당시 존경받는 관리였던 정몽주는 고려 사회를 개혁하는 것에는 찬성했으나 고려를 무너뜨리는 것에는 찬성하지 않았어요. 끝내 뜻을 꺾지 않았던 정몽주는 이성계의 아들 이방원에 의해 선죽교라는 다리에서 목숨을 잃고 말았어요.

1392년, 이성계는 새 나라를 세우고 왕이 되었어요. 고조선의 전통을 잇겠다는 뜻으로 나라 이름을 조선이라고 지었지요. 그리고 정도전을 비롯해 *유학을 공부한 학자들의 도움을 받아 유교를 나라의 근본으로 삼았어요.

또한 고려의 수도였던 개경이 아닌 한양을 새로운 도읍으로 정했어요. 한양은 오늘날의 서울이에요. 한강 유역은 삼국 시대 때부터 지리적으로 장점이 많은 주요한 곳이었던 것, 다들 기억하지요?

정도전은 조선 건국 이후에도 주요한 역할을 했어요. 특히 한양의 궁궐과 사대문의 이름을 직접 지었지요. 예를 들면, 왕이 머물 궁궐의 이름은 조선이 오래도록 큰 복을 누렸으면 좋겠다는 의미를 담아 '경복궁'으로 지었

★ 유학 중국의 학자인 공자의 가르침을 바탕으로 정치와 도덕을 다루는 학문이에요.

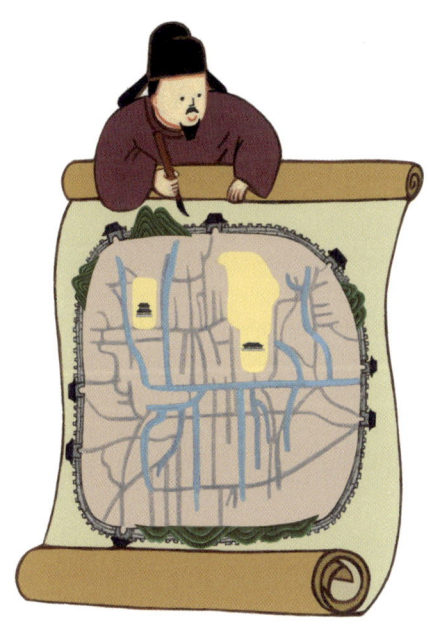

어요. 숭례문 등의 사대문에도 유교 정신이 담긴 이름을 붙여 주었고요. 외적의 침입에 대비해 한양 둘레에 성곽도 쌓고, 궁궐 주변에는 관청, 시장, 학교도 만들었어요.

이성계의 아들인 이방원은 왕위에 올라 조선의 세 번째 왕인 태종이 되었어요. 태종은 나라를 잘 다스리기 위해 전국을 8도로 나누어 관리를 보냈어요. 조선이 처음 만들어졌을 때만 해도 왕보다 지방 세력의 힘이 더 셌기 때문에 태종은 왕권 중심의 질서를 바로잡으려고 전국에 자신의 사람을 보낸 것이었어요. 그 덕분에 왕의 권한이 강해졌고, 나라의 기틀을 탄탄하게 세울 수 있었답니다.

▶ 문해력 쏙쏙

조선을 건국한 이성계는 고려 후기에 등장한 ㅅ ㅎ ㅁ ㅇ ㅅ ㄹ 으로, 홍건적과 왜구의 침입을 물리치며 힘을 키웠다.

만 원 지폐에 그려진 인물은 누구일까요? 맞아요. 바로 조선의 4대 왕 세종이에요. 태조와 태종 대에 나라의 기틀이 세워졌다면 세종 대에 와서는 과학 기술, 문화, 국방 등 여러 분야가 크게 발전했어요.

흔히 세종의 업적이라고 하면 훈민정음이나 자격루 등 과학 기술과 문화를 떠올리기 쉬운데, 세종은 조선의 땅을 넓히고 나라의 힘을 기르는 것 역시 중요하게 생각했어요. 특히 고려 때부터 우리를 못살게 굴던 왜구와 여진을 무찔렀지요.

조선 초에도 왜구는 틈만 나면 조선의 바다에 침입해 왔어요. 세종은 이종무 장군을 보내 왜구를 무찌르게 했어요. 이종무는 왜구의 근거지인 대마도로 건너가 왜구를 혼내 주었어요.

 한편 북쪽에 살던 여진도 자주 조선으로 내려와 백성들을 괴롭혔어요. 이에 세종은 김종서와 최윤덕 장군을 북쪽으로 보내 여진을 몰아내고 영토를 넓혔어요. 최윤덕은 압록강 일대를, 김종서는 두만강 일대를 지켜 냈지요. 오늘날 대한민국의 영토는 조선 초에 거의 다 정해졌다고 할 수 있어요.

 책과 공부를 좋아했던 세종은 궁궐 안에 집현전을 두었어요. 학자들이 모여 학문과 국가의 정책을 연구하는 곳이었지요. 세종은 집현전의 학자들과 함께 다양한 분야의 책을 만들었는데 대표적인 책으로 《삼강행실도》가 있어요. 조선의 근본 이념인 유교에서는 예의를 지키는 것을 무척 중요하게 여겼는데, 백성들에게 그러한 내용을 가르치기 위해 만든 책이에요. 임금과 신하 사이에, 부모와 자식 사이에, 부부 사이에 지켜야 할 *도리에 대한 설명이 담겨 있어요. 한자로 쓰여 있지만 글을 모르는 백성들의

✱ 도리 사람이 반드시 지녀야 할 바른 마음과 몸가짐을 뜻해요.

이해를 돕기 위해 그림을 함께 넣어 설명했어요.

또 농사짓는 방법을 설명한 《농사직설》을 만들어 전국에 보급했어요. 우리나라의 환경에 맞는 농사법을 소개하기 위해 백성들의 경험을 귀담아듣고 만든 책이에요.

게다가 세종은 소통의 왕이었어요. 세금을 거두는 방식에 대해 백성들의 의견을 묻는 여론 조사를 실시하기도 했어요. 수백 년 전의 조선에서 여론 조사라니! 정말 대단하지요? 세종은 조사 결과를 바탕으로 세금을 거두는 방식을 개선했어요. 토지의 *비옥도뿐만 아니라 풍년과 *흉년 상황을 고려하여 합리적으로 세금을 거두었답니다.

과학 기술 역시 눈부시게 발전했어요. 해시계인 앙부일구도 만들었고, 물시계인 자격루도 만들었지요. 비가 온 양을 측정하는 측우기는 세계에서 가장 먼저 발명된 것으로 알려져 있어요. 과학 기구들을 만든 것은 날씨를 정확하게 알기 위해서였어요. 날씨를 알면 농사짓는 백성들에게 큰 도움을 줄 수 있으니까요. 청계천의 수표교를 통해 물의 깊이를 측정하기도 했어요. 홍수가 나서 물

---

* 비옥도 땅이 기름진 정도예요. 땅이 기름질수록 농사가 잘돼요.
* 흉년 풍년과 반대말로 농사가 잘 되지 않은 해를 말해요.

이 넘칠 때를 대비하기 위해서였지요. 하늘의 움직임을 관찰하는 혼천의와 간의도 만들었어요.

세종 대의 엄청난 과학 기술의 발전은 천재 과학자 장영실이 없었다면 불가능했을 거예요. 장영실은 노비 출신이었지만 능력을 인정받아 높은 관직에 오른 인물이에요. 자격루, 수표 등의 발명품은 모두 장영실의 손에서 만들어졌어요.

세종은 훈민정음, 즉 지금의 한글을 만들었어요. 훈민정음은 '가르칠 훈(訓)', '백성 민(民)', '바를 정(正)', '소리 음(音)' 즉 '백성을 가르치는 바른 소리'라는 뜻이에요.

훈민정음이 만들어지기 전에는 대부분 한자를 썼어요. 하지만 한자는 양반이 아닌 일반 백성들이 사용하기에 글자의 수가 너무 많아 배우기 어려워 불편했지요. 세종은 백성들의 불편함을 안타깝게 여기고, 모든 백성들이 글로써 자신의 뜻을 표현할 수 있게 하고자 했어요.

훈민정음의 창제 원리가 담겨 있는 《훈민정음 해례본》을 보면 훈민정음이 얼마나 과학적인지 알 수 있어요. 《훈민정음 해례본》에 따르면 훈민정음은 혀의 위치, 입술과 목구멍의 모양 등을 본떠 자음을 만들고, 하늘·땅·사람의 모양을 본떠 모음을 만들었다고 해요. 세종은 단 28자로 세상의 모든 소리를 문자로 표현할 수 있게 했어요. 모든 것은 오로지 백성들을 위해서였지요.

👆 문해력 쏙쏙

ㅎ ㅁ ㅈ ㅇ 은 '백성을 가르치는 바른 소리'라는 뜻으로, 모든 백성들이 글을 쓸 수 있게 하려는 세종의 마음이 담겨 있는 글자이다.

고려 시대의 삶과 문화가 불교와 밀접하게 연관되어 있었다면, 조선 시대에는 유교가 바탕이 되었어요. '임금에게 충성하고, 부모에게 효도하라.'라는 유교의 가르침을 성실히 따라야 했지요. 전쟁이 일어나자 나라를 위해 죽음을 무릅쓴 신하도 있었고, 병든 부모를 위해 희생한 자식들도 있었어요. 이처럼 유교의 가름침을 잘 따랐다고 여겨지는 충신, 효자, 열녀 등의 이야기를 엮은 책이 앞에서 말한 《삼강행실도》랍니다. 유교는 조선 시대 백성들의 삶에 깊숙이 자리 잡고 있었어요.

한편, 나라를 다스리는 데 기준으로 삼은 것은 《경국대전》이라는 법전이었어요. 《경국대전》은 세종의 아들이었던 세조 대부터 만들기 시작해 성종 대에 완성했어요. 법을 만드는 데 자그마치 24년이 걸릴 정도의 엄청난 사업이었지요.

《경국대전》은 지금의 *헌법과 비슷한 위치에 있는 중요한 법이었어요. 《경국대전》이 만들어지면서 조선 초기까지 있었던 법들이 체계적으로 정리되었어요. 관리들은 《경국대전》의 내용에 따라 나랏일을 처리하였고, 백성들도 그에 따라 생활하게 되었지요.

조선은 유교 국가이기 때문에 법에도 유교적인 사고방식이 많이 담겨 있었어요. 예를 들면 제사를 지낼 때 입어야 할 복장에 관한 내용이나 관리를 뽑을 때 유교 경전을 시험 과목으로 한다는 내용이 들어 있었지요.

자신의 자리에 맞게 할 일이 정확하게 나누어져 있고, 상하 관계가 분명한 유교의 가르침은 조선의 신분 제도를 더 단단하게 만들기도 했어요. 조선 시대에는 태어날 때부터 신분이 정해져 있었어요. 크게 양인과 천인으로 나뉘었고, 시간이 지나면서 양인은 다시 양반, 중인, 상민

★ 헌법 한 나라에서 가장 기본이 되는 최고 법이에요.

으로 구분되었어요. 신분이 높은 양반이 지나갈 때면 그보다 신분이 낮은 사람들은 허리를 굽히거나 땅에 엎드려 인사해야 했어요.

양반 아래에는 통역을 맡아 보던 관리인 역관이나 의원 등 지금의 전문직에 해당하는 중인이 있었고, 중인 아래에는 일반 백성인 상민이 있었어요. 상민 중에는 농사를 짓는 농민이 가장 많았고, 장사를 하는 상인과 물건을 만드는 수공업자도 있었지요.

가장 낮은 신분인 천민은 대부분 노비였어요. 노비는 양반집이나 관청에 소속되어 자유가 제한되기도 했답니다.

▶ 문해력 쏙쏙

《 ㄱ ㄱ ㄷ ㅈ 》은 나라를 다스리는 데 기준이 되는 큰 법이라는 의미로, 지금의 헌법과 비슷한 위치에 있는 중요한 법이었다.

어떤 일이 바뀌는 때나 기회를 '분기점'이라고 해요. 500여 년 동안 이어진 조선 역시 그러한 분기점이 되는 사건들이 있었어요. 바로 임진왜란과 병자호란이에요. 이 전쟁들을 분기점으로, 조선은 어떻게 바뀌었을까요?

임진왜란은 1592년, 임진년에 일어난 일본과의 전쟁이에요. 당시 일본은 명나라를 치고자 하니 조선에 길을 내어 달라고 했어요. 명과 친하게 지내던 조선은 거절했고, 일본은 이를 구실로 조선을 침략했어요.

조선은 서양의 신식 무기인 조총을 든 일본군에 밀려 순식간에 동래성(부산)을 빼앗기고 말았어요. 일본군은 동래성 전투 후 엄청난 기세로 밀고 올라와 18일 만에 수도인 한양을 점령했어요. 당시 조선의 왕이었던 선조는 한양을 버리고 북쪽의 의주까지 올라가 몸을 피했어요.

육지가 무참히 짓밟힐 무렵 바다에서 *승전보가 날아들었어요. 그 주인공은 바로 이순신이었지요. 이순신은 옥포 해전을 시작으로 일본군과 23번 싸워 23번 모두 승리를 거두었어요. 조정의 관리들과 달리 이순신은 일본군의 침입을 예측하고 대비했거든요. 이순신과 수군의 활약 덕분에 일본군이 바다를 통해 식량과 무기를 옮기는 것을 막을 수 있었어요.

이순신 장군의 전투 가운데 가장 높이 평가받는 전투는 바로 한산도 대첩이에요. 일본군의 배를 한산도 앞바다로 유인하고 학이 날개를 편 모양으로 적을 포위하여 승리를 거둔 전투이지요.

바다에서 이순신과 수군이 조선을 지켰다면 육지에는 의병이 있었어요. 의병은 정식 군대가 아니라 나라가 위기에 처했을 때 백성들이 자발적으로 만든 군대예요. 의병의 신분은 양반부터 천민까지 다양했어요.

★ 승전보 경기나 전쟁에서 이겼다는 소식을 뜻해요.

그중 최초로 의병을 일으켰던 사람은 바로 홍의장군 곽재우였어요. 전투할 때 붉은 옷을 입고 싸웠기 때문에 그렇게 불렀대요. 곽재우는 개인의 재산으로 의병을 모아 일본군을 무찔렀어요. 백성들은 내 고향, 내 나라를 지키기 위해 목숨을 아끼지 않았고, 의병은 전국적으로 확대되었어요.

조선의 군대는 선조의 요청으로 온 명의 *원군과 함께 일본군에 맞서 싸웠어요. 평양성에서 승리한 조선과 명의 군대는 빼앗긴 한양을 되찾고자 했고, 이에 권율 장군은 행주

✱ 원군 우리 편을 도와주기 위해 온 군대를 뜻해요.

산성으로 미리 군사를 보내 전투를 준비하게 했지요. *관군 뿐만 아니라 의병, 승병까지 모두 힘을 모아 결국 전투에서 승리했어요. 이 전투가 바로 유명한 행주 대첩이에요.

행주산성에서 패한 일본도 조선 못지않게 피해가 막심했어요. 일본은 전쟁을 멈추고 *강화 회담을 제안했어요. 하지만 자신들의 이익만을 바라며 진행된 회담이 잘 진행될 리 없었지요. 회담은 결렬되고 일본군이 조선을 다시 공격했어요.

그 당시 이순신은 다른 신하에게 모함을 받고 지위를 박탈당한 상황이었어요. 이순신이 없는 조선의 바다에서 일본군은 활개를 쳤지요. 대부분의 군대와 배를 잃고 당황한 조선은 부랴부랴 이순신에게 다시 수군을 지휘하게 했어요. 하지만 배는 10여 척 밖에 안 남은 상황이었지요. 그때 일본 수군이 133척의 배를 이끌고 울돌목(명량)으로 진격했어요. 누가 봐도 이길 수 없는 싸움이었지요. 그러나 이순신과 수군은 포기하지 않았고, 끝내 일본의 수군을 물리

★ **관군** 옛날에 나라에 속해 있던 정식 군대를 뜻해요.
★ **강화 회담** 싸우던 두 편이 싸움을 그치고 어떻게 평화로운 상태를 만들지 토의하는 일을 말해요.

쳤어요. 기적 같은 이 전투가 영화로도 만들어진 명량 해전이에요. 이순신은 물러가는 일본군을 노량 앞바다에서 크게 무찔렀고 기나긴 전쟁도 끝이 났지요.

조선 땅에서 7년간 있었던 전쟁의 결과는 비참했어요. 수많은 사람이 죽거나 다쳤고, 땅은 황폐해졌어요. 사람들은 먹고 살 일이 막막해졌어요. 일본에 끌려간 사람들도 많았지요. 그중에는 활자나 도자기를 만드는 장인들도 있었어요. 그뿐 아니라 귀중한 우리의 문화유산을 일본에 많이 빼앗겼고, 불국사와 경복궁,《조선왕조실록》등 수많은 문화유산이 불타 버렸어요.

임진왜란의 상처가 아물기도 전에 조선은 또다시 전쟁에 휘말리게 되었어요. 여진족이 세력을 키워 세운 후금이 명을 공격했거든요. 임진왜란 때 조선에 원군을 보내 주었던 명이 이번에는 조선에 군대를 요청했어요.

당시 조선의 왕이었던 광해군은 세력이 약해진 명과 새롭게 성장한 후금 사이에서 어떻게 해야 좋을지 고민했어요. 그리고 고심 끝에 광해군은 군대를 보내기는 하되, 지휘관에게 전투의 상황을 보아 조선의 군인들이 피해받지 않게 잘 판단하여 처신하라는, 이른바 중립 외교

를 펼치기로 했어요. 실제로 위기에 처했을 때, 조선은 후금과 싸울 의사가 없다는 입장을 잘 설명했고, 그 덕분에 조선의 군인들은 큰 피해를 입지 않고 돌아올 수 있었지요.

그러나 광해군이 쫓겨나고 인조가 새로운 왕으로 등극하면서 외교 정책의 방향이 바뀌었어요. 임진왜란 때 군사를 보낸 명과 더 가까이 하고 후금을 멀리한 것이지요. 이를 못마땅하게 여긴 후금은 조선을 쳐들어왔고, 조선이 후금과 형제 관계를 맺는다는 것을 조건으로 돌아갔어요. 정묘년에 일어난 전쟁, 정묘호란이에요.

후금은 점점 더 세력을 키워 청이라는 나라를 세웠어요.

조선과 더 이상 형제 관계로 지내기 싫었던 청은 1636년 병자년에 조선에게 신하의 예를 지킬 것을 요구하며 쳐들어왔어요. 바로 ==병자호란==이에요.

청의 군대는 며칠 만에 한양 근처까지 다다랐고, 인조는 남한산성으로 피신했어요. 하지만 전쟁에 대한 대비가 되어 있지 않았던 남한산성은 물도 식량도 금방 떨어지고 말았어요. 더 이상 전쟁을 이어나갈 수 없다고 판단한 인조는 결국 남한산성에서 나와 삼전도에서 청에게 항복했어요.

전쟁의 결과, 조선과 청은 신하와 임금이라는 굴욕적인 관계를 맺게 되었어요. 왕자를 비롯해 많은 백성들이 청에 *볼모로 끌려가게 되었지요. 두 번의 전쟁은 조선에 아주 큰 아픔을 남겼고, 그 결과 조선 사회는 전쟁 이전과 아주 많이 달라지게 되었어요.

* 볼모 어떤 일을 유리하게 이끌기 위해 잡아 두는 상대편 사람이에요.

👉 **문해력 쑥쑥**

ㅎ ㅅ ㄷ ㄷ ㅊ 은 이순신 장군의 전투 가운데 가장 높이 평가받는 전투이다. 일본군의 배를 한산도 앞바다로 유인하고 학이 날개를 편 모양으로 포위하여 승리를 거두었다.

문해력 튼튼

● 다음 글을 읽고 질문에 답해 보세요.

잘 있어라, 내 고향

"요새 난리가 났다던데 자네 알고 있는가?"

"아! 그거? 임금님이 최윤덕 장군을 시켜 여진족들을 물리쳤다는구먼."

"그거 잘했네. 평안도나 함길도는 그놈들이 노략질이며 납치를 일삼는 통에 엄청 불안하다던데."

양지바른 장터 한쪽에서 젓갈 장수와 숯장수가 수군거리고 있었어요.

담이 귀에 난리라는 말이 쏙 들어와 박혔어요. 얼마 후면 아버지를 따라 함길도로 떠나야 하거든요. 오늘은 그곳에 가기 전 필요한 물건을 준비하기 위해 어머니와 함께 장을 보러 나온 길이었어요.

그때 소금 장수가 두 장사꾼들 말에 끼어들었어요.

"듣자 하니 *삼남 지방 백성들을 그곳으로 보낸다 하던데요."

"여기 백성들을? 왜?"

어리숙해 보이는 숯장수가 놀라 되물었어요. 숯장수는 깊은 산속에 살기 때문에 세상 소식에 느려요. 그래서 사람들은 어리숙하거나 순진한 사람을 보면 숯장수냐고 놀리고는 했어요.

"농사 잘 짓는 아랫녘 사람들을 북쪽에 자리 잡고 살게 해서, 조선의 국경을 튼튼히 하려고 그런대요."

소금 장수는 자기 말에 놀라는 숯장수를 보면서 신이 나서 이야기했어요. 소금 장수는 조선 팔도 방방곡곡 안 돌아다니는 데가 없어서 누구보다도 소문을 많이, 빨리 알았어요.

"말도 안 돼! 누가 고향 떠나 그 낯선 곳에 가려고 하겠어? 내 같으면 죽으면 죽었지 절대 못 가는구먼."

숯장수가 정색하며 펄쩍 뛰었어요. 대대로 산속에 살던 숯장수에게 고향을 떠나라는 말은 죽으라는 말과 같았거든요.

곁에서 그들의 대화를 듣던 담이는 숯장수의 말에 힘을 얻었어요.

"어머니 우리도 가지 말아요. 어머니가 아버지한테 갑산에 가지 말자고 말해 줘요. 제발이요."

담이는 어머니 치맛자락에 매달리며 애원을 했어요.

(……)

"함길도로 안 갈라고 재동이가 팔목을 잘랐대."

먼저 와 있던 사람들이 수군거렸어요. 담이는 눈이 휘둥그레져서 집 안을 들여다보았어요. 한 팔에 천을 둘둘 감은 재동 아재가 넋을 놓고 마루에 걸터앉아 있었어요. 천 밖으로 붉게 배어 나온 핏물이 보였어요. 담이는 피를 보자 가슴이 쿵쿵 뛰었어요.

"이 사람아, 팔 하나 없다고 거기로 안 보내겠는가?"

첨지 어른이 곰방대를 휘두르며 아재를 나무랐어요. 재동 아재 곁에서 훌쩍이던 아주머니가 눈물을 훔치며 말했어요.

"나라님도 그렇지 갑자기 고향을 떠나 낯선 땅으로 가라는 게 말이 돼요?"

아주머니는 주위를 둘러보며 목소리를 높였어요.

나라님이 갑자기 왜 이러시는지 누가 대답 좀 해 봐요! 답답해 속이 터져 죽겠어요."

★ 삼남 지방 충청도, 전라도, 경상도를 합쳐서 부르는 말이에요.

● 여진족을 몰아내고 4군 6진 개척에 공을 세운 장수의 이름을 글에서 찾아 써 보세요.

● 왕이 백성들을 평안도와 함길도 지역에 강제로 이주시키는 이유는 무엇이었을까요? 또, 백성들은 왜 이주하기 싫어했을까요? 아래 칸에 왕과 백성들의 입장을 각각 정리해 보세요.

백성의 입장	왕의 입장

2

사회의 새로운 변화와 오늘날의 우리

새로운 사회를 향한 움직임

비슷한 정치적 목적을 가진 사람들이 나라를 다스리는 데 참여하기 위해 모인 것을 '정당'이라고 해요. 그들은 목적에 따라 다투기도 하고 힘을 합하기도 하지요. 조선 후기에도 정당과 비슷한 역할을 했던 *붕당이 존재했어요.

붕당이 처음 만들어졌을 당시에는 붕당끼리 상대방의 존재를 인정하며 바람직한 견제를 하는 모습을 보여 주었어요. 다양한 의견이 나올 수 있어 정치를 올바르게 운영하는 데에도 도움이 되었지요. 하지만 시간이 흐를수록 하나의 붕당이 상대방을 인정하지 않고 모든 권력

★ 붕당 조선 시대에 어떤 생각이나 이익에 따라 모인 정치 집단이에요.

을 *독점하려는 모습을 보이기 시작했어요. 의견 대립으로 인해 붕당끼리의 다툼이 잦아졌지요.

이를 바로잡기 위해 영조는 새로운 정치를 꿈꾸었어요. 특정 붕당이 권력을 독점하게 하지 않고, 능력에 따라 인재를 고르게 등용하기 위해 많은 노력을 하였지요. 이를 탕평책이라고 해요.

영조는 정치뿐만 아니라 백성들의 삶에도 관심이 많았어요. 당시 백성들은 군대에 가지 않으려면 옷감을 세금으로 내야 했는데, 이를 *군포라고 해요. 군포는 1년에 2필을 내야 했는데 군포 1필의 길이는 16m 정도였어요. 16m는 학교에 있는 농구 골대 5개 정도를 붙여 놓은 길이예요. 군포 2필을 내기 위해서는 새벽부터 오후까지 죽어라 농사짓고, 밤에는 손발이 부르트게 옷감을 만들어

★ 독점하다 혼자서 모두 차지한다는 뜻이에요.
★ 군포 군대를 면제해 주는 대신 내던 베예요.

야 했어요. 영조는 백성들의 수고를 덜기 위해 군포의 양을 절반으로 줄여 주었어요.

더불어 청계천 *준설 공사를 실시해 백성들의 홍수 피해를 줄이고, 가난한 백성들을 공사에 투입해 일자리를 늘려 주었어요. 가난을 근본적으로 해결해 줄 수는 없었지만 백성들의 생활을 개선하기 위해 노력했지요.

영조의 뒤를 이어 왕이 된 정조도 탕평책을 계승하고 발전시켰어요. 능력이 있는 신하들을 고루 뽑기 위해 노력했지요. 게다가 양반이 아닌 사람들도 능력이 있다면 나랏일에 참여할 수 있도록 했어요. 정조는 왕실 도서관인 규장각에 유능한 인재들을 배치하여 학문 연구에 힘쓰게 했어요.

정조 역시 할아버지인 영조처럼 백성들의 생활 수준을 향상시키기 위해 경제 발전에 힘썼어요. 자유로운 상업 행위를 할 수 있도록 법도 개선하였지요.

정조 하면 빼놓을 수 없는 곳이 있어요. 바로, 수원 화성이에요. 수원 화성은 정치적 분위기를 새롭게 하고자 건설한 도시이기도 하지만, 아버지에 대한 정조의 효심

★ 준설 강을 깊게 파낸다는 뜻이에요.

이 담겨 있는 곳이기도 해요.

정조의 아버지, 사도 세자는 자신의 아버지였던 영조와 무척 사이가 안 좋았어요. 정조가 열두 살이었을 때 사도 세자가 세상을 떠났는데, 당시 그의 무덤은 거의 버려져 있다시피 했지요. 정조는 왕이 되고 아버지의 무덤을 수원 화성 쪽으로 옮겼어요.

수원 화성은 백성을 사랑하는 정조의 마음이 담긴 곳이기도 해요. 소문난 효자였던 정조는 아버지의 무덤에 자주 들렀는데, 그 길에서 백성들에게 들은 4천 건 이상의 *민원을 해결해 주었다고 해요.

또한, 수원 화성은 당대 최고의 과학 기술로 지어진 문화유산이에요. 정조는 수원 화성 공사에 투입된 백성들의 부담을 줄이기 위해 신하들에게 여러 가지 과학 기술을 접목하

* **민원** 주민이 경찰서, 구청 같은 행정 기관에 원하는 바를 요구하는 일이에요.

도록 했어요.

예를 들면 정조가 무척 아꼈던 신하 정약용은 거중기라는 기계를 만들어 수원 화성 건축에 사용했어요. 거중기는 무거운 돌을 들어 올릴 때 사용하는 기계로, 원래 사용할 힘의 16분의 1 정도로도 물체를 들어 올릴 수 있어 백성들의 수고를 덜 수 있었어요.

이러한 노력 덕에 10년을 예상했던 공사가 2년 9개월 만에 끝날 수 있었어요. 《화성성역의궤》라는 책에 수원 화성의 건축 과정들이 기록으로 모두 남아 있어요.

수원 화성은 정조가 꿈꾸던 신도시였어요. 정조는 조선의 새로운 정치, 군사, 경제의 중심지를 만들고자 했고, 이러한 바람을 수원 화성에 담으려고 했지요.

> 👆 **문해력 쏙쏙**
>
> ㅇㅈ 와 정조는 특정 붕당이 권력을 독점하지 않도록 능력에 따라 인재를 고르게 등용하는 ㅌㅍㅊ 을 펼쳤다.

　임진왜란과 병자호란이라는 큰 전쟁을 겪은 이후 백성의 삶은 더욱 힘들어졌어요. 이를 해결하기 위한 방법을 고민하는 학자들이 늘어나면서 실제 생활과 밀접하게 관련 있는 실학이 등장했어요.

　실학은 사람들의 실생활에 도움이 되는 학문이에요. 실학을 연구한 사람들을 실학자라고 하는데, 앞서 소개한 정약용이 대표적인 실학자이지요. 정약용은 눈에 보이는 실제를 연구하는 것이 중요하다고 여겼어요. 물론 정약용 외에도 여러 실학자가 있었고, 학자마다 주요하게 연구하던 분야가 달랐어요.

　많은 실학자들은 토지에 대해 고민했어요. 토지는 백

성의 삶과 가장 관련 있는 주제였으니까요. 토지를 누가, 얼마나 나누어 가지면 좋을지 고민하고, 농사를 잘 짓기 위해 필요한 새로운 농업 기술에 관심을 가졌어요. 백성이 먹고살 만한 나라, 부유한 나라를 만들기 위해서는 토지에 대한 연구가 필요하다고 생각한 것이지요.

반면, 농업보다 상업과 공업, 즉 상공업의 발달이 중요하다고 여긴 실학자들도 있었어요. 이들은 청의 문물을 받아들여서 백성의 삶을 더 나아지게 만들 수 있다고 생각했지요.

일부 실학자들은 중국의 것이 아닌, 우리 고유의 것을 연구하는 것이 백성의 삶에 도움이 된다고 생각했어요. 우리의 언어, 역사, 지리 등이 중요하다고 여긴 거예요. 조선 시대의 지도 중 가장 정확하다고 평가받는 김정호의 〈대동여지도〉 역시 이러한 실학적 고민의 결과예요.

▶ 문해력 쏙쏙

임진왜란과 병자호란이라는 큰 전쟁을 겪은 이후 실제 생활과 밀접하게 관련 있는 학문인 ㅅ ㅎ 이 등장했다.

　전쟁이 끝나고 황폐화된 조선의 사회를 변화시킨 바탕에는 모내기법의 보급이 있었어요. 모내기는 모판에 심은 볍씨가 어느 정도 자라면 논으로 옮겨 심는 농사 방법이에요. 모내기법은 조선 후기에 널리 보급되었어요. 처음 시작한 것은 그보다 훨씬 전이지만 조선 후기가 되어서야 많은 사람들이 활용하기 시작한 것이지요. 이전에는 벼도 다른 작물처럼 땅을 파서 바로 볍씨를 심었어요. 그러면 볍씨가 다 자라 수확할 때까지 오로지 그 땅에서는 벼만 기를 수 있겠지요? 볍씨를 아무리 고르게 뿌린다고 한들 자라기 전까지는 어디서 자랄지도 알 수 없고요.

　모내기법은 이러한 단점들을 보완할 수 있는 농사법이

었어요. 모판에서 벼를 기르는 동안 보리처럼 다른 작물을 기를 수 있고, 논에 심을 때도 정확한 간격으로 심을 수 있어 효율적인 관리가 가능해졌지요. 그 결과 기존에 사용하던 방법으로 농사 지었을 때보다 훨씬 더 많은 쌀을 얻을 수 있었어요. 식구들이 다 먹고도 남는 양이었지요.

그렇다면 남은 쌀은 어떻게 해야 할까요? 맞아요. 남은 쌀은 시장에 내다 팔 수 있었어요. 사람들은 쌀뿐만 아니라 다양한 채소와 과일도 재배했어요. 시장에 내다 팔기 위해서였지요. 다른 사람에게 팔기 위해 지은 농산물을 상품 작물이라고 해요. 상품 작물이 많아지니 이를 사고팔기 위한 장소도 많아졌어요. 전국에 천 개가 넘는 시장이 생겼지요.

시장에서 물건을 사려면 무엇을 내지요? 당연히 돈을

내지요. 그런데 돈으로 값을 지불한다는 생각은 조선 후기에 나타났어요. 그전에는 쌀이나 옷감으로 물건을 사거나 서로 필요한 물건을 주고받는 물물교환 형식으로 거래를 했어요. 그러다 거래하는 양이 점점 많아지니까 이 방식이 무척 불편해졌지요. 나라에서는 거래를 편리하게 하기 위해 '*상평통보'라는 화폐를 만들어 실생활에 사용하게 했어요.

상업이 활성화되다 보니 신분이 높아도 돈이 없으면 대접을 받지 못하는 세상이 왔어요. 전쟁으로 인해 양반이 된 사람도 무척 많았지요. 나라 형편이 어려워지니 국가에서 양반이 될 수 있는 문서를 만들어 돈을 받고 팔기도 했거든요. 돈만 있으면 누구나 양반이 될 수 있었어요. 그러다 보니 소수였던 양반의 수가 늘어나게 되었고, 더 이상 양반은 대단한 존재가 아니게 되었어요.

양반의 상황과 달리 상민들 가운데는 부지런히 일해 생활이 넉넉해진 이들도 있었어요. 여유가 생긴 그들은 문화생활에 관심을 가지게 되었지요. 이 사람들이 즐긴

* **상평통보** 조선 시대에 쓰던 엽전 가운데 하나예요. 항상 고른 가치를 가지고 유통되는 동전이라는 뜻을 지니고 있어요.

문화를 서민 문화라고 해요.

특히 판소리나 탈춤과 같은 공연이 큰 인기를 끌었어요. 한글 소설도 많은 이들이 좋아했지요. 시장에 가면 책을 읽어 주는 전문 이야기꾼까지 있었어요.

미술 분야에서도 두드러지는 인기작들이 있었어요. 바로 김홍도와 신윤복, 두 화가들로 대표되는 풍속화예요. 과거에는 중국의 풍경이나 선비들의 생각을 그린 그림이 많았는데, 이때는 주로 평범한 사람들의 생활 모습을 그린 풍속화가 많은 인기를 얻었어요.

또 하나, 인기를 끌었던 그림은 민화예요. 민화는 그린 사람이 누구인지 분명하지 않아요. 이름이 잘 알려지지 않은 서민들부터 이름난 화가들까지 참 다양한 사람들이 민화를 그렸지요.

민화에 등장하는 여러 동물들은 각기 다른 상징을 나타내요. 예를 들면 까치는 복을 가져다준다는 의미이고, 호랑이는 무시무시한 기세로 나쁜 기운을 쫓아낸다는 의미였지요. 일상적인 소재를 활용해 그린 민화에는 당시 백성들이 가졌던 꿈과 소망이 잘 나타나 있답니다.

문해력 쏙쏙

조선 후기, 부지런히 일해 생활이 넉넉해진 서민들이 즐겼던 문화를 ㅅ ㅁ ㅁ ㅎ 라고 한다.

여러분! 요즘에는 시장이나 군수, 도지사와 같은 역할을 누가 수행할 것인지 어떻게 결정하나요? 지역 주민들이 투표로 결정하지요. 만약 이런 자리를 돈으로 사고팔 수 있다면 어떻게 될까요? 충격적일 수도 있지만, 정말 그랬던 적이 있었답니다. 19세기 조선의 모습이 그랬어요.

정조가 세상을 떠난 후 조선은 무척 혼란스러워졌어요. 왕실 *외척이 어린 왕의 뒤에서 권력을 쥐고 마음대로 정치를 했지요. 이들처럼 특정 가문이 중심이 되어 나라를 다스리는 것을 세도 정치라고 해요.

당시에는 힘 있는 세도 가문에 잘 보이기만 한다면 얼

★ 외척 외가 쪽 친척이에요.

마든지 높은 관직에 오를 수 있었어요. 당시 *매관매직이라는 나쁜 *관행이 널리 퍼져 있었거든요. 관직을 사서 벼슬에 오른 관리들은 자신들이 쓴 돈을 다시 메꾸기 위해 백성들에게 지나치게 많은 세금을 거두었어요. 옆집의 세금을 대신 내라고 하거나, 모래가 섞인 쌀을 빌려주고 이자를 쳐서 갚으라고 했지요.

세도 정치로 인해 백성들이 힘들어하던 때, 다시 열두 살 소년이 왕이 되었어요. 바로 고종이에요. 고종이 어린 나이에 왕이 되었기 때문에 그의 아버지가 대신 나라를 이끌게 되었어요. 고종의 아버지는 평소 행실이 좋지 못했고, 능력도 없는 사람으로 소문이 나 있었어요. 그래서 권력을 쥐고 있던 사람들은 그를 그다지 견제하지 않았지요. 하지만 자기 아들이 왕이 되자 그는 숨겨 두었던 날카로운 이빨을 드러내기 시작했어요. 그동안의 못난 행동들이 마치 자기에 대한 경계를 느슨하게 하려고 그랬던 것처럼요. 그가 바로 흥선 대원군이에요.

흥선 *대원군은 왕보다 더 큰 권력을 쥐고 있던 가문을

★ 매관매직 관직을 사고파는 행위를 말해요.
★ 관행 한 사회나 집단에서 버릇처럼 해 온 일을 뜻해요.

몰아내고 정치를 바로잡고자 했어요. 그리고 백성들이 힘들어했던 세금 문제를 해결했어요. 토지를 다시 *측량해서 누가 얼마의 토지를 소유하고 있는지 정확하게 확인하고, 가지고 있는 땅만큼의 세금만 걷도록 한 것이지요.

그뿐만 아니라 군포를 양반에게도 징수했어요. 원래 조선은 16~60세의 남성이라면 누구나 군포를 내야 했어요. 하지만 양반들은 관직에 있거나 과거 시험을 준비하는 경우에 군포를 면제해 준다는 법을 교묘하게 이용하여 평생 군포를 내지 않는 경우가 허다했지요. 부족한 세금은 고스란히 일반 백성들의 부담이 되었어요. 이런 불합리함을 흥선 대원군이 개선한 것이지요.

환곡을 개선한 것도 비슷한 목적이었어요. 원래 환곡은 백성들이 힘들어할 때 나라에서 곡식을 빌려주는 제도였어요. 그런데 원하지 않는 사람에게 강제로 빌려주어 이자까지 갚게 하거나 빌려줄 때 곡식의 양을 속이려고 모래를 섞어 빌려주는 등 문제가 많았어요. 흥선 대원

★ **대원군** 왕에게 자손이 없을 경우, 직계가 아닌 친척 중 적합한 이를 찾아 왕위를 잇게 하는데, 이때 왕이 될 이의 살아 있는 아버지에게 붙이는 호칭이에요.
★ **측량하다** 높이, 길이, 부피, 넓이 등을 재는 일을 말해요.

군은 이러한 문제들이 발생하는 것은 부패한 관리가 환곡을 운영하기 때문이라고 생각했어요. 그래서 관리들이 환곡에 사용할 곡식을 관리하지 못하게 하고, 지방에서 존경과 신뢰를 받는 사람에게 곡식 창고를 맡겼지요.

흥선 대원군은 여러 가지 정책으로 백성들의 지지를 받았지만 양반들의 격렬한 반대에 부딪혔어요. 가장 대표적으로 양반들이 반대한 정책은 서원을 철폐하는 것이었지요. 서원은 원래 유학을 공부하는 교육 기관이자 유교의 *성현들에게 제사를 지내는 공간이에요. 하지만 양반들은 자신들이 제사를 지낼 때 주변 백성들에게 그 비용을 부담하게 했고, 비용을 내지 못하는 백성들을 괴롭혔지요. 흥선 대원군은 양반들의 기반이었던 서원 수백 개의 문을 달게 하고 딱 47개만 남겨 두었어요.

흥선 대원군이 실시한 대부분의 정책은 백성들의 호응을 얻었어요. 하지만 그 가운데 백성들마저 반기지 않았던 정책도 있었지요. 바로 경복궁을 중건하는 일이었어요. 중건은 절이나 궁궐 같은 건축물을 보수해서 짓는 것을 의미해요. 임진왜란 이후 불에 타 버렸던 경복궁은 그

* **성현** 덕이 높고 지혜가 많아 세상 사람들이 우러러 보는 사람을 뜻해요.

때까지도 파괴된 채로 남아 있었어요. 먼저 복원한 창덕궁을 주로 사용하고 있었지요. 흥선 대원군은 왕실의 권위를 세운다는 명분으로 경복궁을 다시 짓고자 했어요. 경복궁을 중건하는 데 백성들의 노동력을 이용하고, 경제력이 있는 양반들에게 돈을 내게 하니 모두가 싫어했을 수밖에 없었지요.

한편, 나라 바깥에서는 조선과 외교를 맺기 위해 호시탐탐 틈을 노리는 나라들이 있었어요. 해안에 서양의 *이양선이 수도 없이 드나들며 조선 사람들을 위협했지요. 주변 나라에서는 서양인들의 공격으로 청 황제가 수도를 버리고 도망갔다는 소문, 일본이 미국 함대에 의해 강제로 항구를 열었다는 흉흉한 소문이 돌고 있었어요. 흥선 대원군은 *통상을 요구하는 서양 세력을 거부했지요. 그러던 중 조선은 1866년에 강화도에서 프랑스 함대와 전투를 치르게 돼요.

당시 조선은 천주교를 믿는 것을 금지했는데, 하느님 아래 모든 사람이 평등하다는 사상이 조선의 신분제를 위

★ **이양선** 모양이 다른 배라는 뜻으로, 조선 시대에 외국의 배를 부르던 말이에요.
★ **통상** 나라와 나라 사이에 물건을 사고파는 것을 뜻해요.

협한다고 생각했기 때문이에요. 그래서 천주교를 믿는 조선인 8천여 명과 프랑스 선교사 9명을 처형하기도 했지요. 프랑스는 조선에서 처형당한 프랑스 선교사의 복수를 한다는 명분으로 조선을 공격했어요. 이를 병인양요라고 해요. 조선은 강화도로 군사를 보내 프랑스를 물리쳤어요. 하지만 전투에 패해 물러나던 프랑스군은 강화도에 있는 *외규장각을 불태우고, 그곳에 있는 귀한 책들을 약탈해 갔어요. 약탈당한 외규장각 도서가 다시 우리 품으로 돌아오는 데는 100년 이상의 시간이 걸렸답니다.

★ **외규장각** 1782년에 정조가 강화도에 설치한 왕실 도서관이에요. 왕실과 관련된 서적을 보관하기 위하여 설치되었어요.

1871년, 조선은 프랑스에 이어 미국의 함대와 전투를 치르게 됐어요. 발단은 몇 해 전 평양 인근에서 있었던 일이었어요. 미국의 *상선이 모래톱에 걸려 평양 사람들이 도움을 주었는데 도움을 받았던 미국 사람들이 오히려 조선의 관리를 가두며 대가를 요구했고, 이를 거절하자 민가를 약탈하고 사람들을 죽였어요. 이에 분노한 평양 사람들은 그 미국 상선을 침몰시켜버렸지요.

이 사건을 구실로 미국의 군대가 조선의 강화도를 공격했어요. 이에 조선은 용맹하게 맞서 싸워 이겼지만 많은 사람들이 죽거나 다치고 말았어요. 이를 신미양요라고 해요. 신미양요 후 흥선 대원군은 척화비를 세워 외부 세력과 통상을 하거나 국제 관계를 맺는 것을 거부하겠다는 뜻을 밝혔어요.

하지만 모두가 흥선 대원군과 같은 생각을 하지는 않았어요. 조선 안에서도 *개항을 하고 외국 세력과 교류해야 한다고 주장하는 사람들이 생겨나기 시작했지요.

흥선 대원군이 물러나고, 고종이 직접 나라를 다스리게 된 후 조선이 가장 먼저 *조약을 맺게 된 나라는 바로

★ 상선 돈을 받고 사람이나 짐을 실어 나르는 배예요.

일본이었어요. 조선 내부에서도 개항의 요구가 있기는 했지만, 일본과의 조약은 강제적으로 이루어졌어요.

조약을 맺기 1년 전, 일본은 영국에서 수입한 군함인 운요호를 조선에 보냈어요. 명백한 *영해 침범이었지요. 이에 조선군은 경고의 의미로 화포를 쐈고, 일본은 이를 빌미로 조선의 강화도 초지진과 영종진을 공격했어요.

운요호 사건을 계기로 일본은 1876년에 본격적으로 개항을 요구했어요. 일본은 조선의 입장을 배려하지 않은

★ 개항 외국과 무역을 할 수 있게 항구를 개방하여 외국 배의 출입을 허락하는 것을 뜻해요.
★ 조약 나라와 나라 사이에 맺은 약속이에요.
★ 영해 한 나라의 주권이 미치는 바다의 구역이에요.

채 막무가내로 강화도에 군대를 이끌고 들어와 통상 관계를 맺자고 제안했고, 조선은 이를 막을 힘이 없었어요. 결국 조선은 강화도에서 조약을 맺게 되었지요.

강화도 조약은 조선이 다른 나라와 맺은 최초의 근대적 조약이에요. 하지만, '일본 사람이 조선에서 조선 사람에게 죄를 짓더라도 일본의 관리가 심판한다.', '조선의 해안을 일본이 자유롭게 측량하도록 허가한다.' 등을 포함한 불평등 조약이기도 하답니다.

> **문해력 쏙쏙**
>
> 신미양요 후 흥선 대원군은  를 세워 외부 세력과 통상을 하거나 국제 관계를 맺는 것을 거부하겠다는 뜻을 밝혔다.

　조선은 일본과 조약을 맺은 후, 여러 나라들과 조약을 맺었어요. 개항 이후 외국의 선진 문물이 들어오면서 사람들은 저마다 개화를 꿈꾸기 시작했지요. 개화는 다른 나라의 발전된 문화와 제도를 받아들이고 과거의 생각, 문화, 제도 등을 발전시키는 것이에요.

　고종이 가장 바꾸고 싶었던 것은 군대였어요. 병인양요와 신미양요를 겪으며 서양 세력의 군대가 강하다는 것을 느꼈거든요. 고종은 신식 무기를 사용하는 군대를 만들었어요. 그런데 대우가 좋은 신식 군인들과 달리 구식 군인들은 급료도 제때 받지 못했어요. 밀린 급료가 12개월 이상이었지요. 여러분이 1년 동안 일을 했는데 월급을 받지 못했다고 생각해 보세요. 정말 화가 나겠지요? 분노한 구식 군인들은 경복궁으로 쳐들어가 자신들의 급료를 빼돌린 관리를 처단했어요. 이 사건이 임오군란이에요.

조선 정부는 성난 구식 군인들을 막을 힘이 없었기 때문에 청에 구원을 요청했어요. 청은 군대를 보내 구식 군인들을 진압했지요. 하지만 세상에 공짜는 없어요. 임오군란을 진압한 청은 조선의 일에 간섭하기 시작했어요.

이러한 청의 간섭에 불만이 유독 많았던 세력이 있었어요. 개화파 중에서도 개화를 서둘러 진행해야 한다고 생각했던 사람들, 바로 김옥균 같은 급진 개화파들이었어요.

그들은 임오군란 이후 개화가 지지부진해진 것을 걱정했어요. 때마침 지금의 우체국이라고 할 수 있는 우정총국 개국 축하연이 있었고, 조선에 와 있던 청의 군사 절반이 청프 전쟁에 투입된다는 이야기가 있었어요. 당시 청과 프랑스는 베트남을 두고 다투고 있었거든요. 게다가 일본이 급진 개화파를 군사적으로 도와주겠다고 약속했어요. 그래서 그들은 많은 고위 관료가 축하연에 모이는 점을 이용해 갑신정변을 일으켰지요.

하지만 일본의 지원은 큰 도움이 되지 않았고, 청의 반격으로 *정변은 3일 만에 실패하고 말았어요. 갑신정변으로 조선에 대한 청의 간섭은 오히려 더욱 심해졌어요.

갑신정변 이후에도 양반과 지방 관리들의 횡포는 매우 심각했어요. 백성들의 삶은 더 나아질 기미가 보이지 않았지요. 그런 백성들 사이에 동학이라는 새로운 종교가 퍼져 있었어요. 동학은 최제우라는 사람이 만든 종교예요. *서학에 대항한다는 의미로 민간 신앙과 불교, 유교, 천주교의 장점을 모아 만들었어요. 동학은 모든 사람은 평등하다

★ 정변 반란이나 혁명 같은 것이 일어나서 정권이 바뀌는 일이에요.
★ 서학 서양 학문이란 뜻으로, 주로 조선 시대에 천주교를 이르던 말이에요.

는 사상을 담고 있어 백성들에게 새로운 세상이 올 것이라는 희망을 심어 주었어요.

그런 상황에서 전라도 고부의 악질 *탐관오리, 조병갑의 괴롭힘에 견디지 못한 백성들이 들고 일어났어요. 깜짝 놀란 조선 정부는 관리를 보내 사태를 수습하려 했지요. 하지만 사태를 진정시키기 위해 파견된 관리가 백성들의 이야기를 들어주기는커녕 오히려 백성들에게 책임을 묻고 처벌하려고 하자 백성들의 분노는 더욱 커졌어요. 결국 전봉준을 중심으로 백성들이 군사를 일으켰어요. 바로 동학 농민 운동이에요.

농민군은 신식 무기도 없고 제대로 훈련도 받지 못하였지만, 그 기세는 무서웠어요. 황토현에서 전라도 *감영 군대와 맞붙어 크게 이기기도 했지요. 농민군은 기세를 몰아 조선 시대 3대 도시 가운데 하나였던 전주성을 점령했어요. 조선 정부는 농민군의 여러 요구를 받아들이면서도 한편으로는 청에 도움을 요청했어요. 청의 군대가 조선으로 들어온다는 소식을 들은 일본도 이에 질세라

★ 탐관오리 백성의 재물을 빼앗고 못된 짓을 한 벼슬아치를 이르는 말이에요.
★ 감영 지금의 도청이에요.

조선에 군대를 보냈어요. 당시 청과 일본은 조선에서의 이익을 두고 경쟁하는 관계였거든요.

그런데 일본은 조선 정부를 도와주러 왔다는 말과 달리, 경복궁을 점령하여 조선의 왕과 왕비를 인질로 잡았고, 이에 반발한 청과 전쟁을 치러요. 청일 전쟁이 벌어진 거예요. 갑신정변 이후 군사력을 키운 일본은 어렵지 않게 승리를 거두었어요. 그 이후부터 청이 아닌 일본이 조선의 정치에 간섭하게 되었지요.

이 과정을 지켜본 농민군은 일본과 싸우기 위해 다시 일어났어요. 하지만 공주 우금치에서 일본은 모든 준비

를 마친 채 농민군을 기다리고 있었지요. 농민군은 죽음을 두려워하지 않고 일본에 맞서 용맹하게 싸웠어요. 하지만 농민군이 가진 무기는 일본의 신식 무기에 비해 화력이 약했고, 결국 농민군은 전투에서 패하고 말았어요.

동학 농민 운동을 진압하는 과정에서 사태의 심각성을 깨달은 조선 정부는 갑오개혁을 펼쳤어요. 낡은 신분제와 과거 시험을 없애고, 세금 제도를 개선하는 등 여러 가지 부분에서 개혁을 시도했어요. 일본의 간섭으로 당시 동학 농민군의 요구가 모두 반영되지는 못했지만 나름대로 백성들의 요구를 반영하고자 했던 것이지요.

▶ 문해력 쏙쏙

 란 다른 나라의 발전된 문화와 제도를 받아들이고 과거의 생각, 문화, 제도 등을 발전시키는 것을 말한다.

문해력 튼튼

● 다음 글을 읽고 질문에 답해 보세요.

조선 후기의 거상, 여걸 만덕

　제주도의 여성 상인 만덕은 원래 가난한 백성의 딸이었는데, 고생 끝에 장사로 큰 재산을 모았다. 만덕은 전라도에서 쌀과 무명, 생활에 쓰이는 물품을 사 오고, 제주도의 약재와 해물을 육지로 가져가 팔았다. 한라산 사슴에게서 나는 녹용을 팔아 큰돈을 벌고, 해녀에게 미역과 전복을 후한 값으로 사서 전라도 상인에게 팔았다. 만덕은 수만금을 모아 제주도에서도 손꼽히는 *거상이 되었다.

　"큰일이옵니다. 태풍이 불어닥쳐 제주를 온통 쑥밭으로 만들었습니다."

　"추수를 하려던 오곡은 모두 떠내려가고, 굶어 죽어 가는 백성이 온 섬에 가득하다고 하옵니다."

　정조는 전라도의 곡식을 급히 구해 제주도로 보내도록 했다. 그렇지만 굶주린 백성들에게 하루 한 끼 죽도 나눠 주기 어려웠고, 이듬해 봄이 되자 이루 말로 다할 수 없을 정도로 비참한 지경에 빠졌다.

133

'더는 두고 볼 수가 없구나. 내가 나서야겠다. 내가 돈을 모을 수 있었던 것도 모두 제주도 사람들 덕분이다.'

만덕은 자신의 모든 재산을 기꺼이 내놓았다.

제주 *목사는 이 사실을 자세히 적어 정조에게 고했다.

"오, 정말 훌륭하거나. 만덕이 원하는 것을 상으로 주어라."

그런데 만덕은 원하는 것이 없었다. 단 한 가지 평생 소원이 있다면 임금님이 계시는 한성을 구경하고 그토록 아름답다는 금강산 일만 이천 봉우리를 두 눈으로 보는 것이었다. 정조는 만덕의 소원을 들어주었다. 고생하지 않고 편안하게 여행할 수 있도록 보살펴 주었던 것이다. 돌아오는 길에 만덕은 중전마마를 만나 인사를 올리고, 푸짐한 선물을 받았다. 정승 채제공이 만덕의 전기를 지어 선물로 주었다. 만덕은 그녀를 만나고 싶어 하는 많은 사람을 뒤로하고 미련 없이 훌훌 제주도로 돌아갔다. 훌륭한 만덕의 이야기는 오래도록 사람들 입에 오르내렸다.

* 거상 아주 크게 하는 장사 또는 그런 장사를 하는 사람이에요.
* 목사 조선 시대 지방의 행정 단위인 목을 다스리던 관리예요.

● 만덕이 어떤 방법으로 거상이 될 수 있었는지 글에서 찾아 써 보세요.

● 조선 후기 상업의 발달로 백성들의 생활은 이전과 비교했을 때 어떻게 바뀌었을지 적어 보세요.

일제의 침략과 광복을 위한 노력

　청일 전쟁에서 승리한 일본은 조선의 정치에 더욱 간섭하기 시작했어요. 고종과 명성 황후는 일본의 간섭에서 벗어나 자주적인 정치를 하기 위해 일본을 견제할 다른 나라를 찾았지요. 바로 러시아예요.

　일본은 조선을 시작으로 대륙을 침략하려는 욕심을 갖고 있었고, 러시아는 이를 두고 보지 않았어요. 조선은 러시아와 손을 잡고 일본을 몰아내려고 했고, 왕비이자 고종의 정치적 조언자였던 명성 황후가 적극적으로 나섰지요. 그러니 일본으로서는 명성 황후가 눈엣가시일 수밖에 없었어요. 결국 일본은 경복궁까지 침입해 명성 황후를 *시해하고 시신을 불태우는 을미사변을 저질렀어요.

을미사변을 겪은 고종은 일본의 위협으로부터 벗어나기 위해 러시아 *공사관으로 피신했어요. 이 일을 아관파천이라고 불러요. 러시아는 고종을 지켜 주는 대가로 조선의 많은 *이권을 가져갈 수 있었어요.

✱ **시해하다** 왕이나 대통령 같은 중요한 사람을 죽이는 것을 뜻해요.
✱ **공사관** 다른 나라에 나가 있는 공사와 관리들이 일을 보는 곳이에요. 공사는 대사 다음 가는 외교관을 말해요.
✱ **이권** 이익을 볼 수 있는 권리예요.

하지만 조선 사람들은 다른 나라가 조선의 이권을 빼앗는 모습을 계속 보고만 있을 수는 없었어요. 이때 등장한 사람이 서재필이에요. 서재필은 갑신정변을 일으켰던 급진 개화파 중 한 사람이었는데, 갑신정변 실패 후 미국으로 갔다가 다시 조선으로 돌아왔어요. 그리고는 미국에서 보고 배운 것들을 바탕으로 《독립신문》을 발행했지요. 서재필은 《독립신문》을 통해 당시 국제 사회의 사정을 알리고, 강대국들의 이권 침탈을 비판했어요. 백성들의 의식을 향상하기 위해서 노력하는 한편 조선의 자주독립을 강력하게 주장했지요. 다른 나라의 간섭을 받거나 의존하지 않고 *자주권을 행사하고자 했어요.

또한 서재필은 자주독립에 대한 의식을 불러일으키고자 독립 협회를 설립했어요. 독립 협회는 만민 공동회를 개최해 조선이 나아가야 할 길에 대한 의견을 신분과 상관없이 누구나 표현할 수 있게 했어요. 청의 사신이 올 때 맞이하는 영은문이 있던 자리에 독립문을 세우기도 했어요.

* **자주권** 다른 나라의 간섭이나 도움 없이 문제를 해결하고 스스로 결정할 수 있는 권리예요.

게다가 독립 협회는 일본을 피해 러시아 공사관에 가 있던 고종에게 끊임없이 궁으로 돌아올 것을 요구했어요. 이에 고종은 경복궁이 아닌 경운궁(지금의 덕수궁)으로 돌아왔고, 나라의 이름을 조선에서 대한 제국으로 바꾸었어요.

대한 제국을 선포한 고종은 막대한 권한을 황제에게 집중하고, 그 힘을 밑바탕으로 개혁을 추진했어요. 사회 발전을 위해 전기와 교통 시설을 늘리고 공장과 회사를 세웠지요. 근대적 학교를 짓는 데도 관심을 기울였어요. 각 분야의 전문가를 길러 외국에 의존하는 것을 줄이고, 우리 스스로의 힘으로 나라의 모습을 바꾸기 위해서였

어요.

고종은 우리의 힘만으로도 충분히 근대 국가를 건설할 수 있으니 발전을 돕는다는 구실로 침략하려 들지 말라는 뜻을 세계에 보여 주고자 했어요. 우리나라가 주변 여러 나라와 대등한 자주 국가라는 것을 알리고자 했지요.

하지만 고종이 지나치게 황제의 권한을 강화한 것은 시대의 흐름과는 반대로 거슬러 간 것이고, 국민의 권리를 제대로 보장하지 못했다는 한계도 함께 지니고 있어요.

 문해력 쏙쏙

러시아 공사관에서 돌아온 고종은 나라의 이름을 ㄷ ㅎ ㅈ ㄱ 으로 바꾸었다.

여러분! 나라가 없다면 우리는 어떻게 될까요? 평소에는 우리를 조용히 지켜 주고 있기 때문에 소중함을 모르고 '있어도 그만, 없어도 그만.'이라고 생각하는 사람들이 있을지도 모르겠어요. 하지만 나라가 없다면 우리를 지켜 주던 울타리가 사라지는 것이에요. 위험한 상황이 왔을 때 도움을 요청할 곳도, 보호해 줄 곳도 없다는 의미지요. 우리는 지금으로부터 100여 년 전에 나라를 빼앗겼던 적이 있어요. 누구에게 나라를 빼앗겼을까요? 그때 이 땅에 살았던 사람들은 어떻게 살았을까요? 이번에는 그 질문에 대한 답을 찾아보도록 해요.

근대적 자주독립 국가를 꿈꾸었던 고종은 러시아와 일본의 세력 사이에서 균형을 유지하고자 많은 노력을 했어요. 강대국에 편지를 보내 우리의 상황을 알리기도 하고, *중립국 선언을 하기도 했지요.

하지만 고종의 노력에도 대한 제국에서 유지되고 있던 힘의 균형이 깨지고 말았어요. 러시아와 일본 사이에 전쟁이 벌어진 거예요. 모두가 거대한 러시아가 이길 거라고 예상했지만, 예상을 뒤엎고 일본이 전쟁에서 승리했어요. 이제는 일본이 대한 제국에 지나치게 간섭한다고 한들 어떤 나라도 그것을 지적하지 못하게 되어 버렸지요. 국제 사회에서도 일본의 힘을 인정한 거예요. 특히 영국과 미국의 경우에는 이미 일본과 비밀 약속도 한 상황이었어요. 영국은 인도를 차지하고 미국은 필리핀을 차지하는 대신에 일본이 대한 제국을 차지하는 것에 대해 간섭하지 않기로요.

청과 러시아라는 적이 사라진 일본은 1905년 11월 17일, 대한 제국을 보호해 준다는 거짓 이유를 들어 외교

★ **중립국** 다른 나라 사이에 전쟁이 일어날 때 어느 편에도 끼지 않는 나라예요.

권을 빼앗는 을사늑약을 맺었어요. 늑약은 강제로 맺은 조약이에요. 외교권을 강제로 빼앗긴 대한 제국은 다른 나라와 관계를 맺으려면 일본을 통해야만 했지요.

을사늑약을 체결했다는 소식을 들은 학생들은 학교에 가지 않고, 상인들은 가게 문을 닫은 채 항의했어요. 관리들 역시 을사늑약에 반대하는 글을 썼지요. 을사늑약을 맺는 데 앞장서서 찬성한 다섯 명의 대신들을 을사오적이라고 하는데, 그들을 처벌하기 위해 오적 암살단이 조직되기도 했어요.

한편, 1907년 네덜란드 헤이그에서 만국 평화 회의가 열린다는 소식이 대한 제국으로도 들려왔어요. 세계 여러 나라의 대표들이 세계 평화를 위해 모인 자리였지요. 고종은 이 회의에 마지막 희망을 걸고 *특사 3명을 파견했어요. 하지만 대한 제국의 특사들은 일본의 방해로 회의장 안에 들어가는 것조차 허락되지 않았어요. 대한 제국은 분명히 1년 전에 초대장을 받았던 국가 중 하나였음에도 불구하고요. 어쩔 수 없이 그들은 회의장 바깥에서

★ **특사** 특별한 임무를 맡겨 보내는 사람이에요.

해외 언론을 향해 끊임없이 을사늑약의 부당함을 알릴 수밖에 없었어요.

헤이그에 특사를 파견한 것을 이유로, 일본은 고종을 강제로 황제의 자리에서 물러나게 했어요. 거기다 일본은 외교권을 빼앗는 것에서 그치지 않고 대한 제국의 군대를 해산시켰어요. 해산된 군인들은 이에 반발하고 일본군과 격렬히 싸웠지요.

백성들은 나라를 빼앗기는 과정을 슬프고 분한 마음으로 지켜보면서도 가만히 있지만은 않았어요. 저마다의 방식으로 *항일 운동을 벌였지요.

먼저, 의병을 조직해서 일본에 대항했어요. 을미의병은 이 시기에 일어난 대표적인 의병이에요. 을미사변 이후 일본은 대한 제국의 백성들에게 강제로 머리카락을 자르게 하는 단발령을 내렸는데 이에 반발해 유생과 농민을 중심으로 일어났던 의병이었어요. 단발령 취소와 고종의 명령으로 을미의병은 스스로 해산했어요.

하지만 을사늑약이 강제로 체결되자 전국에서 다시 의

★ 항일 우리나라의 주권을 되찾으려고 일본에 맞서 싸우던 일이에요.

병이 일어났어요. 을사늑약을 폐기할 것을 요구하며 강력한 *무장 투쟁을 벌였지요. 이 시기에는 유생뿐만 아니라 농민들도 적극적으로 참여했어요. 태백산 호랑이 신돌석은 최초의 평민 출신 의병장으로 공을 세웠어요. 신돌석이 이끄는 의병 부대는 *신출귀몰한 전법으로 일본군을 크게 무찔렀고, 이에 일본은 신돌석을 잡기 위해 어마어마하게 많은 현상금을 걸기도 했답니다.

항일 의병 전쟁의 규모는 들불처럼 커졌고, 저항은 점점 거세졌어요. 1907년 군대가 해산되었을 때부터 나라를 빼앗기기 전까지 전쟁에 참여한 의병의 수만 14만 명에 이른다고 해요. 물론 그 전에 의병 활동을 한 사람들도 엄청나게 많았고요. 전투 횟수는 수천 번이나 됐어요. 대한 제국의 수많은 백성들은 목숨을 걸고 격렬하게 저항했지요.

두 번째 항일 운동 방식은 애국 계몽 운동이에요. 애국 계몽은 나라를 사랑하는 마음으로, 모르는 것을 깨우치

✶ 무장 총, 칼 같은 무기나 장비를 갖춘 상태예요.
✶ 신출귀몰하다 귀신처럼 여기 번쩍 저기 번쩍 언제 나타났다 언제 사라지는지 모를 만큼 움직임이 재빠른 것을 뜻해요.

기 위해 노력한다는 뜻이에요. 애국 계몽 운동에 참여한 사람들은 언론과 교육을 통해 사람들의 의식을 일깨우는 것을 중요하게 여겼어요. 특히 경제적으로 일본에 의지하지 않고 자립하기 위해 생산력을 높이고 산업을 일으켜야 한다고 강조했지요.

　당시 일본은 대한 제국에 강제로 자금을 빌려주고 빚을 지게 만들었는데, 그 빚이 자그마치 1,300만 원에 이르렀어요. 지금도 1,300만 원은 큰 돈이지만 그 당시에는 엄청나게 큰 돈이었지요. 대한 제국이 가지고 있는 예산만으로는 갚을 수 없는 액수였어요.

　백성들은 이대로 있다가는 일본에 *주권이 넘어갈지도 모른다는 위기의식에 모금 활동을 진행했어요. 남자는 금주와 금연을 하고, 여자는 비녀와 가락지 등을 모아 참여했지요. 어린이들도 동참했어요. 일본에 진 빚을 갚고 경제적으로 자립하기 위해 일어난 국채 보상 운동은 대구에서 시작해 전국으로 확산됐어요. 하지만 일본은 이를 주도했던 사람들에게 누명을 씌워 탄압했고, 결국 나

★ 주권 나라의 주인으로서 가지는 권리 또는 한 나라가 다른 나라에 대해서 가지는 권리예요.

라의 빚을 갚기 위한 모금 활동은 중단되고 말았어요.

세 번째로 소개할 항일 운동은 의열 투쟁이에요. 일종의 무장 투쟁인데, 큰 규모로 하는 의병 운동과 달리 개인이나 소규모로 다니며 건물을 파괴하는 일과 암살을 주로 했어요.

의열 투쟁을 했던 대표적인 인물로는 안중근이 있어요. 안중근은 애국 계몽으로 우리의 힘을 키우는 것을 중요하게 생각하면서도, 그것만으로는 일본을 물리칠 수 없다고 생각했어요. 강력한 군대가 필요하다고 생각한 안중근은 국내를 떠나 의병을 조직했지요. 그리고 일본이 대한 제국을 빼앗는 데 주요한 역할을 했던 이토 히로부미를 제거하기 위한 계획을 세웠어요.

1909년 10월 26일 오전, 안중근은 러시아와 협상을 하기 위해 중국 하얼빈에 간 이토 히로부미를 향해 총을 쐈어요. 현장에서 체포된 안중근은 얼마 후 재판을 받게 되었고, 사형 선고를 받은 지 한 달 만에 사형을 당하고 말았어요. 그때 그는 이렇게 말했어요. "나는 나라의 독립과 동양의 평화를 지키려고 총을 쐈다."

대한 제국은 1907년 군대 해산 이후 1909년에 일본에 사법권을 빼앗겼고, 이어 1910년에 경찰권마저 빼앗겼어요. 군대도, 법도, 경찰도 모두 사라진 거예요. 그리고 1910년 8월 29일, 끝내 대한 제국의 국권은 일본의 손에 완전히 넘어가게 되었어요.

👍 **문해력 쏙쏙**

일본은 1905년 11월 17일, 대한 제국을 보호해 준다는 거짓 이유를 들어 ㅇㄱㄱ 을 빼앗았는데, 이를 ㅇㅅㄴㅇ 이라고 한다.

　1910년 8월 29일, 우리는 일본 *제국주의에 의해 국권을 빼앗겼어요. 그리고 다시 나라를 되찾기까지 35년이 걸렸지요. 나라를 빼앗긴 그 시간 동안 우리나라 사람들은 어떻게 살았을까요?

　우리나라의 국권을 빼앗은 *일제는 *총독부를 만들고, 자기들 마음대로 나라를 다스렸어요. 총칼을 찬 일제의 헌병 경찰은 우리나라 사람들을 감시하고 탄압했어요. 헌병 경찰은 즉결 처분권을 가지고 있었기 때문에 3개월

✱ **제국주의** 힘센 나라가 다른 나라를 억눌러 지배하여 세력을 키우려는 주장이나 생각이에요.
✱ **일제** 제국주의를 따르던 일본을 부르는 말이에요.
✱ **총독부** 식민지를 다스리려고 두는 최고 행정 기관이에요.

형 이하의 죄는 정식 재판 없이 바로 처벌할 수 있었어요. 특히 태형은 무시무시한 폭력이었어요. 태형은 사람을 형판에 엎드리게 한 다음 양팔과 양다리를 각각 묶고 엉덩이를 몽둥이로 때리는 형벌이에요. 비인간적인 형벌이라 갑오개혁 이후 폐지됐는데, 일제가 우리나라 사람에게만 적용하기 위해 부활시킨 거예요.

교실도 분위기가 살벌했어요. 제복을 입고 칼을 찬 교사들이 학생들에게 공포감을 조성하며 수업을 했거든요. 선생님이 칼을 차고 수업을 하는 모습을 상상하는 것만으로도 오싹하지요?

일제가 우리나라를 식민지로 만든 것은 우리의 자원과 인력을 마음대로 사용하기 위한 목적도 있었어요. 토지 조사 사업이라는 명목으로 우리나라의 땅을 빼앗았어요. 그리고 열심히 땀 흘려 수확한 쌀을 빼앗아 가기도 했어요. 일제의 탄압과 수탈에 못 이긴 사람들은 고향을 떠나 만주나 연해주 등으로 떠나기 시작했어요.

독립운동가들도 국내에서 활동하기 어려워지자 일제의 감시를 피해 외국으로 가서 독립운동을 이어 나갔지요. 대표적인 인물로 안창호가 있어요. 그는 민족이 독립하기 위해서는 실력을 양성해야 한다는 신념으로, 평양에 대성 학교를 세우는 등의 교육 활동을 하다가 일제에 국권을 빼앗긴 후에는 중국으로 갔어요. 그리고 미국으로 건너가 흥사단이라는 독립운동 단체를 세워 신념을 계속해서 이어 갔지요.

한편, 일제의 강압적인 통치가 계속 이루어지던 국내에서도 일제에 대항하고자 하는 의지가 점점 커지고 있었어요. 당시는 제1차 세계 대전이 끝나고 전쟁에서 진 나라들의 식민지들이 독립하던 상황이었어요. 지금이 일

제로부터 독립할 수 있는 기회라고 생각한 민족 대표들은 태화관이라는 식당에 모여 독립 선언서를 낭독하고 만세 시위를 준비했지요.

1919년 3월 1일, 만세 소리가 크게 울려 퍼졌어요. 그해 1월에 갑작스럽게 세상을 떠났던 고종의 장례식을 명분으로 많은 사람들이 한데 모일 수 있었지요. 10년 가까이 일제의 총칼에 억눌려 있었던 수많은 사람은 탑골 공원에 모여 독립 선언서를 낭독하고 만세를 외쳤어요. 우리가 잘 알고 있는 3·1 운동이 시작된 것이지요.

3·1 운동은 전국으로 퍼졌고, 중국, 러시아, 미국 등 다른 나라에 있던 사람들도 함께했어요. 이때 3·1 운동에 참여한 사람은 200만 명 이상이었다고 해요. 당시 인구가 1,600만 명 정도였는데 그중 200만 명이라니! 한 집에서 한 명씩은 목숨을 걸고 시위에 참여한 것이지요. 여러분이 잘 알고 있는 유관순도 충청남도 천안에서 만세 시위에 참여했어요.

만세를 부르며 평화롭게 시작한 시위였지만 일제는 잔혹하게 진압했어요. 특히 화성 제암리에서는 마을 사람들을 교회에 모아 놓고 무자비하게 총으로 학살했지요.

3·1 운동에 참여하다가 세상을 떠난 사람의 수는 7천 5백 명, 부상자는 1만 5천 명에 이르렀고 감옥에 갇히게 된 사람은 4만 명이 넘었다고 해요.

👉 문해력 쏙쏙

1919년 3월 1일, 일제의 총칼에 억눌려 있었던 수많은 사람이 탑골 공원에 모여 독립 선언서를 낭독하고 만세를 외쳤다. 이를  이라고 한다.

　다음 세 가지 키워드를 보고 연상되는 인물이 누구인지 맞혀 보세요. 상하이, 도시락 폭탄, 독립운동가. 어때요? 누구인지 감이 오나요? 맞아요. 중국의 상하이 훙커우 공원에서 열린 일본 왕의 생일 기념 행사에 도시락 폭탄을 던졌던 독립운동가, 윤봉길이에요. 윤봉길이 실제로 던진 것은 도시락 폭탄이 아니라 물통 폭탄이었고 도시락 폭탄은 거사 후에 자신이 사용할 자결용이었다고 해요. 독립을 위해서는 죽음도 두려워하지 않았던 거지요. 이때 윤봉길은 겨우 24세였는데 말이에요. 이번에는 윤봉길 외에 수많은 독립운동가들이 나라를 되찾기 위해 어떠한 노력을 했는지 알아볼게요.

3·1 운동 이후 독립운동가들은 전보다 조직적이고 체계적으로 독립운동을 이끌어 갈 단체와 지도부가 필요하다고 느꼈어요. 그래서 여러 곳에 흩어져 있던 크고 작은 독립운동 단체들을 통합하고, 중국 상하이에 ==대한민국 임시 정부==를 세웠어요. 이때 대한 제국이 아닌 대한민국이라는 국호를 사용한 것은 국가의 주권이 황제가 아닌, 국민에게 있음을 선포한 거예요.

　대한민국 임시 정부는 일제의 감시를 피해 비밀 연락망을 만들고 독립 자금을 모아 국내의 독립운동을 지휘했어요. 특히 다른 나라와의 외교 활동을 통해 일제의 횡포와 우리나라의 상황을 알리기도 했지요.

　그러던 중 대한민국 임시 정부에 큰 위기가 닥쳤어요. 독립운동의 방향을 놓고 임시 정부 안에서 서로 의견을 달리하는 사람들이 생겨난 거예요. 임시 정부 초기에는 외교 활동에 집중했는데 그 효과가 보잘것없다고 판단하는 의견들이 나오기 시작했어요. 거기다 일제의 집요한 감시와 탄압으로 국내와 연결되어 있던 연락망이 끊기고 *자금난에 허덕이게 되었지요. 이런 어려운 상황에서 대

★ 자금난 어떤 일을 하는 데 필요한 돈이 없어 생기는 곤란함을 뜻해요.

한민국 임시 정부를 지킨 인물이 바로 김구예요.

김구는 임시 정부의 위기를 해결하기 위해 의열 투쟁 단체인 한인 애국단을 조직했어요. 의열 투쟁은 총과 칼, 폭탄과 같은 도구로 일제의 중요한 인물이나 친일파를 처단하는 독립운동의 한 방법이에요. 폭력을 사용할 대상을 일제의 주요 기관이나 적, 그에 동조하는 세력으로 제한하였기 때문에 흔히 말하는 테러와는 달라요. 앞서 안중근 *의거를 소개한 적이 있지요. 무엇보다도 *거사의 목적이 개인이나 단체의 사사로운 이익이 아니라 민족의 해방과 자유라는 인류 보편적 가치를 추구했다는 점이 중요해요.

일제 왕의 마차에 폭탄을 던져 일제를 놀라게 했던 이봉창과 물통 폭탄을 던진 윤봉길 모두 한인 애국단의 단원이었어요. 당시 중국을 이끌던 장제스는 윤봉길의 의거에 크게 감동하여 이렇게 말했대요. "중국의 100만 대군도 못 한 일을 조선인 청년 1명이 해냈다!" 윤봉길의 의거는 중국이 우리나라의 독립운동가를 바라보는 인식

★ 의거 정의를 위해 하는 의로운 일을 뜻해요.
★ 거사 혁명이나 반란처럼 세상이 놀랄 만한 큰일을 일으키는 것을 말해요.

을 바꾸는 계기가 되었어요.

당시 독립운동가들은 의열 투쟁에 나설 때 서로에게 미루지 않고 오히려 자신이 먼저 하려고 해서 다툼이 생길 정도였다고 해요. 그래서 흔히 도박에 사용하는 '골패'라는 것으로 누가 먼저 거사를 치를 것인지 제비뽑기를 하여 정하기도 했답니다.

한편, 만주 지역에는 여러 독립군 부대가 활동하고 있었어요. 홍범도 장군이 이끄는 부대는 만주 지역의 봉오동까지 쳐들어온 일제를 크게 무찔렀고, 이후 복수하기 위해 다시 쳐들어온 일제의 대군을 김좌진 장군의 부대가 청산리에서 또 한 번 크게 이겼어요. 독립군 부대는 우리나라의 지형을 잘 알고 있었기 때문에 전투에 유리했지요. 나라 밖에서 들려오는 독립군의 승전보는 우리나라 사람들에게 큰 힘이 되었어요.

대한민국 임시 정부는 여러 지역의 독립군 부대를 모아 한국 광복군이라는 군대를 만들고 일제와의 전쟁을 준비하기도 했어요. 제2차 세계 대전에서 패배한 일제의 항복으로 무산되긴 했지만, 임시 정부를 비롯한 독립운동가들의 굳센 독립 의지를 엿볼 수 있는 대목이에요.

👆 **문해력 쏙쏙**

 는 3·1 운동 이후 조직적이고 체계적인 독립운동을 위해 크고 작은 독립운동 단체들을 통합하여 상하이에 만들었다.

　우리나라를 식민지로 삼은 일제는 중국을 비롯해 다른 나라까지 넘보기 시작했어요. 심지어 중국을 상대로 전쟁을 일으키고 제2차 세계 대전까지 벌였지요. 전쟁을 계속해서 이어 나가려면 아주 많은 식량과 물자, 무기 그리고 노동력이 필요해요. 그래서 일제는 전쟁에 필요한 물자를 보충하기 위해 전보다 더욱더 강압적인 식민 통치를 실시했어요.

　일제는 우리말 대신 일본어를 쓰도록 강요하고, 이름도 강제로 일본식으로 바꾸도록 했어요. 일본인과 조선인의 조상은 서로 같다며 우리나라의 국권을 빼앗은 것을 정당하게 여기도록 역사를 왜곡하기도 했지요. 그뿐만 아니라 매일 아침 일제의 왕이 있는 방향으로 절을 하고, 전국에 세워진 신사에 절을 하게 했어요. 신사는 일본 왕실의 조상이나 일본이 위인을 기리는 곳인데, 이곳에 절을 한다는 것 자체가 치욕적인 일이었지요.

그뿐만이 아니에요. 전쟁 중에 먹을 식량이 필요하다는 이유로 우리나라 사람들의 식량을 빼앗고, 우리나라 사람들을 강제로 공장 노동자나 군인으로 끌고 갔어요. 여성들은 일본군 '위안부'로 끌려가 아주 모진 아픔을 겪어야 했지요. 일본은 현재까지도 이때의 만행을 인정하지 않고 있어요. 매주 수요일 주한 일본 대사관 앞에서는 피해자들이 살아 있음에도 죄를 인정하지 않는 일본을 향해 '수요 시위'가 열리고 있답니다.

일제의 가혹한 통치에 많은 사람들이 고통받는 동안 이 상황을 자신에게 유리하게 이용하던 사람들도 있었어요. 일제와 함께하는 것이 우리가 살길이며 일제를 위해 우리나라 사람들은 전쟁터에 나가야

한다고 주장하는 사람들, 바로 일제에 아부하고 따르던 친일파예요. 그들은 일제의 앞잡이 노릇을 하며 독립운동가들을 붙잡아 총독부에 넘기고 자신들은 떵떵거리며 편안한 삶을 살았어요.

하지만 이 어려운 상황에서도 독립운동가들은 나라를 되찾기 위해 노력했어요. 앞서 말했던 의열 투쟁이나 전쟁이 아니더라도 그 방법은 다양했지요. 특히 말과 역사를 빼앗으려는 일제에 저항하며 민족 정신을 지키려고 노력했어요. 조선어 학회라는 한글 단체는 우리말과 우리글을 잘 가꾸는 것이 민족의 독립에 보탬이 된다는 생각으로, 한글을 연구하고 널리 퍼뜨렸어요. 신채호는 우리의 역사를 소개하는 여러 가지 책을 펴냈고, 한용운과 이육사 등의 문인들 역시 꼿꼿하고 지조 있는 우리의 민족 정신을 작품에 담았어요.

👍 문해력 쏙쏙

ㅈ ㅅ ㅇ ㅎ ㅎ 는 우리말과 우리글을 잘 가꾸는 것이 민족의 독립에 보탬이 된다는 생각으로, 한글을 연구하고 널리 퍼뜨렸다.

문해력 튼튼

● 다음 글을 읽고, 질문에 답해 보세요.

1887년, 처음으로 전화가 개통되다

우리나라에 처음 전화가 들어온 건 1887년 궁궐이었어. 전화를 처음 접한 고종은 멀리 떨어져 있는 사람의 목소리를 들을 수 있다는 것에 놀라움을 금치 못했다고 해. 그 후 공식적인 전화의 *개통은 1896년 서울 ~ 인천 간에 이루어졌어.

(……)

고종은 명성황후의 무덤이 있는 남양주 홍릉에 전화를 설치하고 매일같이 전화로 명성황후에게 안부를 전했다고 해. 또 동구릉에 모신 대비 조씨에게 전화로 아침저녁 문안을 드리기도 했어.

당시 전화는 덕률풍이라고 불렀어. 이외에도 득률풍, 어화통이라고도 불렀어. 덕률풍은 영어 '텔레폰'의 음을 따서 한자음으로 나타낸 말이야.

신하들은 외국에서 들어온 요상한 기계라며 전화기 사용을 반대했지만, 고종은 대신들을 믿지 못해 덕률풍으로 직접 중요한 지시를 내릴 정도였어. 덕률풍으로 임금의 지시를 받을 사람에게 시간을 미리 알려 주면 신하는 그 시간에 예복을 갖춰 입고 덕률풍에 대고 절을 네 번 한 다음, 엎드려 공손히 수화기를 귀에 대고 있었어.

일반 백성들은 덕률풍이란 이름에 붙은 '풍' 자를 다르게 해석했다지 뭐야. '덕률 바람'이 가뭄을 가져와 농사를 망친다거나 전화기 속에 번개 귀신이 숨어 있다 하여 전화가 오면 도망가기 바빴다고 해.

★ 개통 길, 다리, 전화 같은 것을 놓고 처음으로 쓰기 시작하는 것을 말해요.

- 고종의 일화를 읽고, 전화의 도입으로 사람들의 생활 모습에는 어떠한 변화가 생겼는지 전화가 도입되기 이전과 비교해 보세요.

- 전화를 처음 본 일반 사람들의 반응은 어떠했을지, 사람들의 첫마디를 상상해 보세요.

　1945년 8월 15일, 라디오에서 일본 왕의 목소리가 흘러나왔어요. 제2차 세계 대전에서 일본이 패배했음을 인정하고 무조건 항복한다는 내용이었지요. 이로써 우리나라는 꿈에 그리던 광복을 맞이했어요. 35년간 빼앗겼던 나라를 되찾게 되었지요. 해외로 나갔던 국민들도 다시 돌아왔어요. 나라를 되찾은 기쁨에 모두 얼싸안고 좋아했지만, 막상 행복한 미래만 펼쳐진 것은 아니었어요. 아직은 우리 스스로 나라를 일으켜 세울 수 있는 힘이 없었거든요.

　일본의 항복 직후 한반도에 남아 있던 일본군이 무장을 해제하는 동안 미국과 소련이 38도선을 기준으로 남쪽과 북쪽에 각각 들어왔어요. 그리고는 제2차 세계 대전에서 연합국을 이끌었던 세 나라 미국, 영국, 소련의 외교 담당자들이 러시아의 모스크바에 모여 한반도에 남은 문제들을 어떻게 처리할 것인지 논의했지요.

그들은 한반도에 임시 민주 정부를 만들고, 미국과 소련이 최대 5년 동안 우리나라를 신탁 통치하기로 결정했어요.

이 소식을 들은 사람들의 반응은 어땠을까요? 당연히 처음에는 반발했어요. 나라를 빼앗겼다가 다시 찾은 지 얼마나 지났다고 또 다시 다른 나라에 주권을 맡길 수는 없었으니까요. 하지만 서둘러 사회를 안정시키기 위해 신탁 통치에 찬성하는 사람들이 생겨났고, 결국 양측 간에 갈등이 발생했어요.

임시 정부를 수립하는 문제도 쉽게 풀리지 않았어요. 어떻게 임시 정부를 구성할 것인지 상의하기 위해 미국과 소련은 미소 공동 위원회를 열었지만 서로 합의를 하지 못한 채 회의가 끝나 버렸지요. 미국은 한국을 자신들처럼 *자본주의 국가로 만들고 싶었고, 소련은 *사회주의 국가로 만들고 싶었거든요. 결국 이 문제는 해결되지 못하고 *국제 연합(UN)으로 넘어가게 되었어요.

국제 연합은 남북한 총선거로 통일된 하나의 정부를 수립하기로 결정했어요. 한반도에서 치러질 선거를 공정하게 관리하기 위해 한국 임시 위원단을 꾸려 한국으로 보냈지요. 하지만 미국과 소련의 의견 차이는 여전히 좁혀지지 않았어요.

소련은 국제 연합이 보낸 한국 임시 위원단이 38도선 이북으로 오는 것을 막았어요. 그러자 남한에서는 가능한 지역에서라도 총선거를 실시하자는 쪽과 그래도 함께 통일 정부를 수립해야 한다는 쪽으로 의견이 나뉘었지요. 국제 연합은 결국 남한에서만 총선거를 하기로 결정

★ **자본주의** 자본을 가진 사람이 자유롭게 경쟁하며 생산 활동을 해 이익을 얻는 경제 제도예요.
★ **사회주의** 자본주의에 반대하여 개인의 재산을 없애고 생산 수단을 함께 가지는 평등한 사회를 만들려는 사상이에요.
★ **국제 연합** 제2차 세계 대전이 끝난 뒤에 세계 여러 나라가 세계 평화와 안전을 지키려고 만든 단체예요.

했어요.

1948년 5월 10일, 남한만의 총선거가 실시되었어요. 그리고 7월 17일에는 선거에서 뽑힌 국회의원들이 만든 헌법이 사람들에게 공식적으로 선포되었지요. 헌법을 제정한 날이라고 하여 이 날을 '제헌절'이라고 부르고 있어요.

8월 15일, 마침내 대한민국 정부가 수립되었어요. 사실상 정부가 이미 수립되어 있었던 북한에서도 기다렸다는 듯이 조선 민주주의 인민 공화국을 세웠지요. 그 결과 한반도는 남과 북으로 완전히 갈라지게 되었어요.

문해력 쏙쏙

제2차 세계 대전이 끝난 후 미국, 영국, 소련 세 나라가 모스크바에 모여 한반도에 임시 민주 정부를 만들고, 최대 5년 동안 미국과 소련이 한국을 대신 통치하기로 결정했는데, 이를 ㅅ ㅌ ㅌ ㅊ 라고 한다.

    1950년 6월 25일 새벽, 북한은 소련으로부터 지원받은 탱크와 무기로 무장하고 남한을 공격했어요. 무력으로 통일을 하고자 한 거예요. 북한군은 순식간에 서울까지 다다랐지요. 갑작스럽게 일어난 상황에 놀라 잠에서 깬 남한 사람들은 급하게 짐을 챙겨 집을 뒤로하고 남쪽으로 피할 수밖에 없었어요.

    단 3일 만에 북한군은 서울을 차지했어요. 대한민국 정부는 서둘러 미국에 도움을 요청했고, 미국을 중심으로 결성된 국제 연합군이 우리나라에 도착했어요. 이때 미국뿐만 아니라 영국, 튀르키예, 에티오피아 등 세계 각국의 군대가 모였지요.

국제 연합군은 위험 부담이 크지만 성공한다면 전쟁의 판도를 바꿀 수 있는 인천 상륙 작전을 구상했어요. 서울과 가까운 인천 쪽에서 치고 들어가 북한군을 공격하기로 한 거예요. 9월 15일, 국제 연합군과 국군은 인천 상륙 작전을 성공시켰고, 9월 28일에 수도 서울을 되찾았어요.

인천 상륙 작전의 성공 후 국군과 국제 연합군은 무서운 기세로 반격했어요. 38도선을 넘어 북쪽으로 거침없이 밀고 올라갔고, 평양을 점령한 후 우리 국토의 끝인 압록강과 두만강 근처까지 이르게 되었지요.

하지만 북한군을 도우러 온 어마어마한 수의 중국군에 밀려 다시 38도선 아래로 물러났어요. 그리고 이듬해 1월 4일, 서울을 다시 북한군에게 빼앗기고 말았지요.

남한과 북한은 38도선 근처에서 밀고 밀리는 싸움을 계속해서 이어 갔어요. 그러면서도 한쪽에서는 힘겨운 전쟁을 멈추기 위해 *정전 협상을 진행하고 있었지요. 하지만 서로 조금이라도 더 많은 땅을 가지려는 욕심을 버

★ 정전 전쟁 중에 두 편이 의논하여 싸움을 잠깐 멈추는 것을 말해요.

리지 못해 전쟁은 좀처럼 끝나지 않았어요.

　마침내 1953년 7월 27일, 정전 협상을 시작한 지 약 2년 만에 남한과 북한은 전쟁을 멈추기로 했어요. 정확히는 전쟁을 잠시 쉬기로 한 거예요. 사람들은 전쟁이 멈췄어도 마냥 기뻐할 수 없었지요. 전쟁 때문에 죽거나 다친 사람이 수백만 명이나 됐거든요. 부모를 잃은 아이들도 많았고요. 힘겹게 살아남은 사람들도 *피란길에 가족과 뿔뿔이 흩어진 경우가 많았어요. 전쟁 등의 사정으로 이

★ **피란길** 전쟁 같은 난리를 피해서 다른 데로 가는 길이에요.

리저리 흩어져 소식을 모르는 가족을 이산가족이라고 부르는데 6·25 전쟁으로 발생한 이산가족은 무려 1,000만 명에 이르렀어요. 원래 살던 곳으로 돌아가 봤자 아무것도 남아 있지 않았어요. 누구도 쉽게 희망을 이야기하지 못했지요.

같은 민족을 향해 총을 겨누었던 슬픈 역사는 지금까지도 계속되고 있지만 시간이 흐르면서 남과 북 사이에 여러 가지 대화와 협력의 시도가 이어지고 있어요. 언젠가는 역사의 슬픔을 딛고 하나가 될 수 있는 날이 오겠지요?

 문해력 쏙쏙

전쟁 등의 사정으로 이리저리 흩어져 소식을 모르는 가족을 ㅇ ㅅ ㄱ ㅈ 이라고 한다.

 **튼튼**

● 다음 글을 읽고, 질문에 답해 보세요.

다시 전쟁이 일어나면 어떻게 될까요?

한반도에서 다시 전쟁이 일어나면 어떤 일이 벌어질까요?

"개전 하루만에 군인 20만, 수도권 시민 150만 명이
죽거나 다칠 거다.
일주일이면 군 병력은 최소 100만 명,
민간인 500만 명이 죽거나 다친다.
피해액은 1,000억 달러, 피해 복구 비용은 3,000억 달러.
이게 다 94년 기준이다. 현재는 2배 이상 늘어난다."

2012년 방영된 한 드라마에서 한반도에서 또다시 전쟁이 벌어지면 피해 규모가 얼마나 되는지 나와 큰 화제가 되었어요. 사실 이 드라마는 완전히 꾸며 낸 이야기가 아니에요. 실제로 우리나라는 1994년 6월 드라마처럼 전쟁 직전까지 갔었거든요.

1994년 한반도는 한국 전쟁 이후 군사적 긴장감이 극에 다다랐어요. 북한 *핵 문제 때문이었지요. 북한은 국제 원자력 기구(IAEA)를 탈퇴하고, 당시 김영삼 대통령은 6월 6

일 "북한이 무모한 모험을 행한다면 자멸과 파멸의 길로 갈 것"이라고 경고하는 등 분위기가 심상치 않았어요. 이로 인해 국내 주식 가격은 폭락했고, 마트에서는 라면 등 생활 필수품을 사려는 사람들이 북새통을 이루었어요.

당시 미국에서는 한반도 전쟁 시나리오를 놓고 의견이 여럿으로 나뉘었어요. 전쟁을 하면 북한을 이길 수 있다는 보고도 많았어요. 하지만 전쟁이 일어나면 최소 한국군 45만여 명과 민간인 100만여명 사상, 경제적 피해 1조 달러 등 막대한 피해가 예상되자 전쟁은 보류되었어요. 때마침 지미 카터 전 미국 대통령이 북한을 방문해 당시 김일성 주석을 면담하면서 전쟁 위기를 간신히 넘길 수 있었어요.

북한과 갈등이 불거질 때마다 차라리 전쟁을 하는 편이 낫다고 주장하는 사람들도 있어요. 하지만 너무 무모한 생각이에요. 전쟁은 우리가 상상도 못할 재앙으로 우리 삶을 완전히 바꿔 버릴 거예요. 심지어 다시 전쟁이 벌어진다면 한반도는 원시 시대로 돌아갈 것이라는 예측이 있을 정도랍니다.

　실제로 한국군과 *주한 미군이 오래전부터 실시한 '워게임' 시뮬레이션 결과는 무슨 일이 있어도 한반도에서 전쟁을 꼭 막아야 한다는 점을 잘 보여 줘요. 1994년 북한 핵 위기 당시 미국 정부가 만든 전쟁 수행 시나리오는 폭격기로 북한 핵 시설을 폭격할 경우 북한이 전면전으로 대응할 것이라고 예상했어요. 당시 미국은 주한 미군 1만 7,000명과 일본 주둔 미 해병대 1만 5,000명을 투입할 계획이었어요. 그럴 경우 전쟁 시작 24시간 안에 군인 20만 명을 포함해 수도권 중심으로 민간인까지 약 150만 명이 사상할 것으로 예측되었어요.

> "전쟁이 일어나면 수천 명의 미군과 수만 명의
> 한국군이 전사할 것이고,
> 수백만의 난민 행렬이 고속도로를 메울 것이다.
> 북한 측의 피해는 더욱 막대할 것이다.
> 한국 전쟁 이래로 역사상 가장 치열한 전쟁이 될 것이다."
> - 애시튼 카터·윌리엄 페리, 〈다시 벼랑으로〉, 《워싱턴 포스트》, 2002년 10월 20일

미국 《워싱턴 포스트》에 기고한 전문가의 말처럼 한반도에서의 전쟁은 누구의 승리가 중요한 것이 아니에요. 오히려 전쟁 없이 평화를 정착시키는 것이 훨씬 중요해요. 전쟁은 그 결과에 상관없이 한반도에 있는 모든 생명을 앗아 갈 수 있기 때문이에요.

★ 핵 핵무기의 줄임말로, 원자 폭탄이나 수소 폭탄처럼 핵끼리 부딪쳐서 생기는 힘을 이용해 한 번에 많은 사람을 죽일 수 있는 무서운 무기예요.
★ 주한 다른 나라의 관리, 기관, 군대가 한국에 머무르는 것을 뜻해요.

● 1994년 한반도가 6·25 전쟁 이후 군사적 긴장감이 극에 다다랐던 이유가 무엇인지 글에서 찾아 써 보세요.

● 다시 전쟁이 일어난 한반도의 모습을 상상해 보고, 평화를 위해 우리가 할 수 있는 일은 무엇일지 생각해 보세요.

한눈에 읽는 개념 지도

사회의 새로운 변화와 오늘날의 우리

변화하는 조선

영조와 정조의 노력
- 영조: 조화롭게 탕탕평평! (북인 + 남인 + 서인) → 탕평책
- 정조 → 탕평책
- 수원 화성 건설

경제와 사회
- 모내기법 확산, 상품 작물 재배
- 흔들리는 신분 질서

문화
- 민화, 판소리, 탈춤

새로운 사회를 향한 움직임

실학
- 상공업 발달 — 상평통보
- 토지 문제 (1/9)
- 우리 것 연구 — 김정호 대동여지도
- 정약용: 실용적인 것이 중요해...!

국권을 빼앗기다
- 을사늑약: 을사늑약은 불평등 조약이오!!
- 외교권을 빼앗김, 헤이그 특사 파견
- 저항: 의병, 의열단, 애국 계몽

광복과 대한민국 정부 수립
- 광복: 1945년 8월 15일
- 대한민국 정부 수립
- 남한만의 단독 정부 수립

대한민국 정부의 수립과 6·25 전쟁
- 1950년 남침
- 6·25 전쟁
- 이산가족
- 38도선

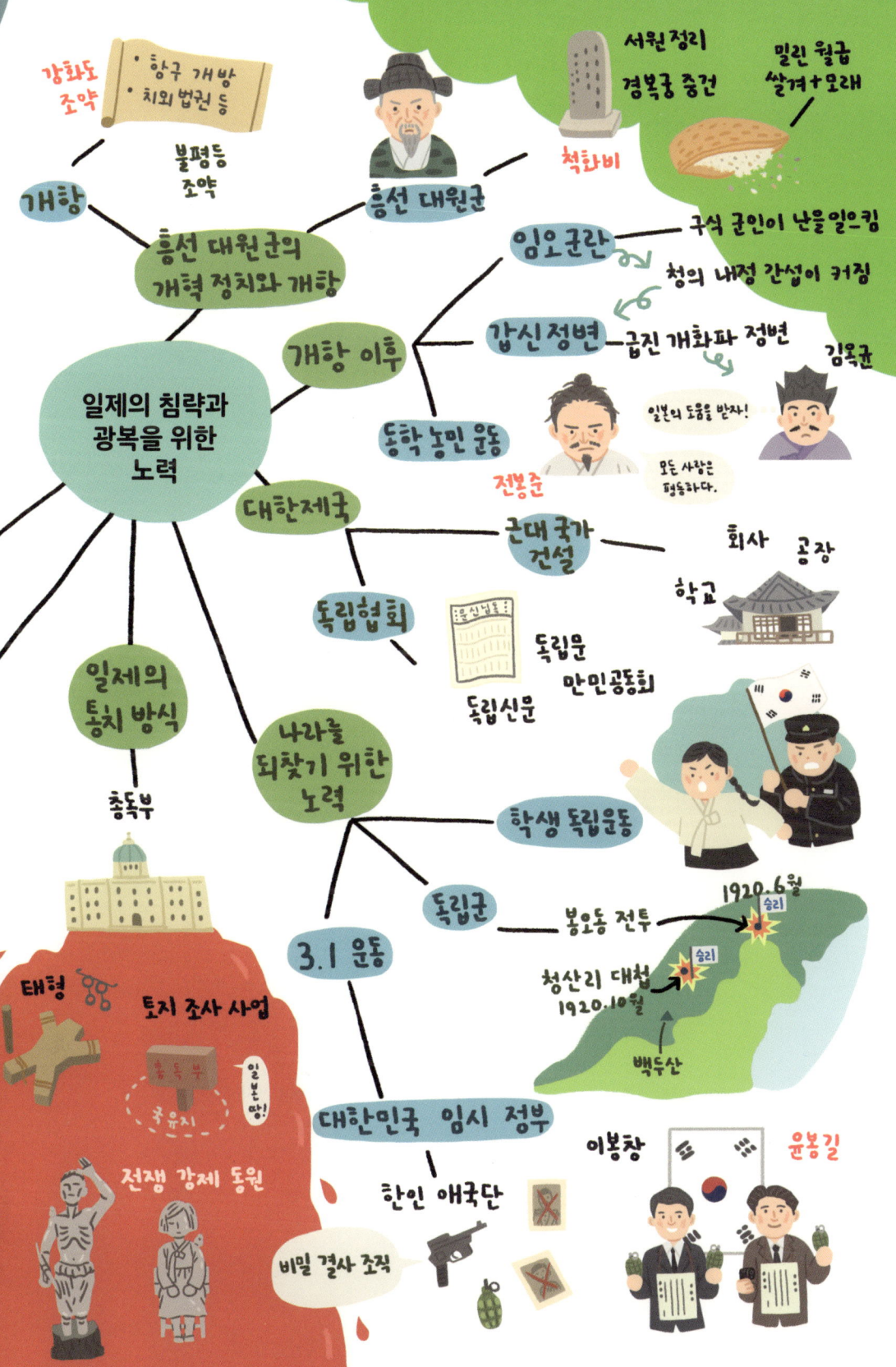

문해력 쏙쏙 모아 보기

> 앞에서 읽었던 내용을 떠올리며, 빈칸에 들어갈 개념들을 떠올려 보세요. 기억이 잘 나지 않을 때는 옆에 적힌 쪽에서 힌트를 얻을 수도 있어요.

- 고조선을 대표하는 문화유산에는 중국의 악기인 비파를 닮은 ◯◯◯◯◯, 탁자 모양처럼 다리가 긴 ◯◯◯◯◯, 양쪽에 손잡이가 달린 토기인 ◯◯◯◯ 가 있다. ············▶ 19쪽

- 고조선이 멸망한 전후 세워진 여러 나라 가운데 ◯◯ , ◯◯ , ◯◯ 는 왕을 중심으로 국가의 체제를 체계적으로 갖추었다. 이 세 나라가 세력을 다투던 시대를 삼국 시대라고 한다. ············▶ 27쪽

- 섬세한 장식이 돋보이는 ◯◯◯◯◯◯◯◯ 는 그동안 자료가 적어 증명하기 어려웠던 백제 문화의 우수성을 밝히는 귀중한 근거가 되었다. ············▶ 35쪽

- 신라는 백제와 고구려의 견제를 이겨 내기 위해 당과 동맹을 맺기로 하는데, 이를 ◯◯◯ 이라고 한다. ············▶ 39쪽

- 경주 불국사 삼층 석탑에서 발견된 《◯◯◯◯◯◯◯◯》은 세계에서 가장 오래된 목판 인쇄물이다. ············▶ 44쪽

- 통일 신라 말, 지방에서는 경제력과 군사력을 바탕으로 힘을 가진 세력이 등장했는데, 이를 ◯◯◯ 이라고 한다. ············▶ 53쪽

- 거란의 1차 침입 당시 고려는 ◯◯◯ 의 활약으로 강동 6주 지역을 얻을 수 있었다. ▶ 61쪽

- ◯◯◯ 는 고려의 수도 개경 근처의 예성강 하류에 위치한 항구로, 고려의 국제 교역

중심지였다. ··· ▶ 65쪽

- ◯◯◯◯는 화려한 고려 지배층의 문화를 엿볼 수 있는 문화유산이다. 주전자나 꽃병, 접시, 향로 등 다양한 생활 용품으로 사용되었으며, 만들기가 까다로워 비쌌기 때문에 지배층이 주로 사용했다. ··· ▶ 71쪽

- 조선을 건국한 이성계는 고려 후기에 등장한 ◯◯◯◯◯◯으로, 홍건적과 왜구의 침입을 물리치며 힘을 키웠다. ··· ▶ 80쪽

- ◯◯◯◯은 '백성을 가르치는 바른 소리'라는 뜻으로, 모든 백성들이 글을 쓸 수 있게 하려는 세종의 마음이 담겨 있는 글자이다. ································ ▶ 85쪽

- 《◯◯◯◯》은 나라를 다스리는 데 기준이 되는 큰 법이라는 의미로, 지금의 헌법과 비슷한 위치에 있는 중요한 법이었다. ·································· ▶ 88쪽

- ◯◯◯◯◯은 이순신 장군의 전투 가운데 가장 높이 평가받는 전투이다. 일본군의 배를 한산도 앞바다로 유인하고 학이 날개를 편 모양으로 포위하여 승리를 거두었다. ··· ▶ 95쪽

- ◯◯◯와 정조는 특정 붕당이 권력을 독점하지 않도록 능력에 따라 인재를 고르게 등용하는 ◯◯◯을 펼쳤다. ·· ▶ 110쪽

- 임진왜란과 병자호란이라는 큰 전쟁을 겪은 이후 실제 생활과 밀접하게 관련 있는 학문인 ◯◯◯이 등장했다. ··· ▶ 112쪽

- 조선 후기, 부지런히 일해 생활이 넉넉해진 서민들이 즐겼던 문화를 ◯◯◯◯라고 한다. ·· ▶ 117쪽

183

- 신미양요 후 흥선 대원군은 ◯◯◯를 세워 외부 세력과 통상을 하거나 국제 관계를 맺는 것을 거부하겠다는 뜻을 밝혔다. ▶ 126쪽

- ◯◯◯란 다른 나라의 발전된 문화와 제도를 받아들이고 과거의 생각, 문화, 제도 등을 발전시키는 것을 말한다. ▶ 132쪽

- 러시아 공사관에서 돌아온 고종은 나라의 이름을 ◯◯◯◯◯으로 바꾸었다. ▶ 142쪽

- 일본은 1905년 11월 17일, 대한 제국을 보호해 준다는 거짓 이유를 들어 ◯◯◯을 빼앗았는데, 이를 ◯◯◯◯이라고 한다. ▶ 150쪽

- 1919년 3월 1일, 일제의 총칼에 억눌려 있었던 수많은 사람이 탑골 공원에 모여 독립 선언서를 낭독하고 만세를 외쳤다. 이를 3·1 ◯◯이라고 한다. ▶ 155쪽

- ◯◯◯◯◯◯◯◯는 3·1 운동 이후 조직적이고 체계적인 독립운동을 위해 크고 작은 독립운동 단체들을 통합하여 상하이에 만들었다. ▶ 160쪽

- ◯◯◯◯는 우리말과 우리글을 잘 가꾸는 것이 민족의 독립에 보탬이 된다는 생각으로, 한글을 연구하고 널리 퍼뜨렸다. ▶ 163쪽

- 제2차 세계 대전이 끝난 후 미국, 영국, 소련 세 나라가 모스크바에 모여 한반도에 임시 민주 정부를 만들고, 최대 5년 동안 미국과 소련이 한국을 대신 통치하기로 결정했는데, 이를 ◯◯◯◯라고 한다. ▶ 171쪽

- 전쟁 등의 사정으로 이리저리 흩어져 소식을 모르는 가족을 ◯◯◯◯이라고 한다. ▶ 175쪽

🔍 찾아보기

ㄱ

갑신정변	129
갑오개혁	132
강감찬	57
강동 6주	56
강화도 조약	126
개화	127
거란	54
거중기	110
견훤	51
경국대전	86
경주 불국사	41
경주 불국사 삼층 석탑	41
경주 석굴암 석굴	42
계급	18
계백	37
고구려	23
고려	50
고려청자	70
고분 벽화	29
고인돌	18
고조선	14
고종	119
공민왕	60
곽재우	91
광개토대왕	23
광개토대왕릉비	24
광복	168
광해군	93
국제 연합	170
국채 보상 운동	148
군포	107
궁예	51
권문세족	60
권율	91
귀주 대첩	57
근초고왕	22
금관가야	26
금동 연가 7년명 여래 입상	30
기병	58
김구	158
김수로왕	26
김옥균	128
김유신	26
김윤후	59
김좌진	159

185

ㄴ-ㄷ

나당 동맹 … 36
다보탑 … 41
단군왕검 … 15
대가야 … 26
대웅전 … 41
대조영 … 39
대한 제국 … 141
대한민국 임시 정부 … 157
대한민국 정부 … 171
도교 … 32
독립 협회 … 140
동맹 … 36
동북 9성 … 58
동학 … 129
동학 농민 운동 … 130

ㅁ

모내기법 … 113
목판 … 41
몽골 … 58
무구정광대다라니경 … 42
무령왕릉 … 31

미소 공동 위원회 … 169
미송리식 토기 … 17

ㅂ

박혁거세 … 24
발해 … 39
백제 … 22
백제 금동 대향로 … 31
법흥왕 … 25
벽란도 … 62
별무반 … 58
병인양요 … 123
병자호란 … 95
보병 … 58
분황사 … 34
붕당 … 106
비파형 동검 … 17

ㅅ

사회주의 … 170
살수 대첩 … 37
삼국 시대 … 22
삼국 통일 … 38

삼국유사	14
삼별초	60
3·1 운동	154
38도선	168
상경성 발해 석등	43
상품 작물	114
서민 문화	116
서울 북한산 진흥왕 순수비	25
서재필	140
서희	55
세도 정치	118
세종	81
수원 화성	108
신돌석	147
신라	24
신미양요	124
신진 사대부	77
신채호	163
신탁 통치	169
신흥 무인 세력	77
실학	111

ㅇ

아관 파천	139
안시성	37
안중근	149
안창호	152
애국 계몽 운동	147
여진	57
연맹 왕국	22
영조	107
온조	22
왕건	51
요동	24
운요호 사건	126
유관순	154
유교	79
유민	39
6·25 전쟁	175
윤관	58
윤봉길	156
을미사변	139
을사늑약	145
을지문덕	37

187

의병	90	정약용	111
의열 투쟁	149	정전	173
이봉창	158	정조	108
이불병좌상	43	제국주의	151
이산가족	175	조선	79
이상 세계	41	조선어 학회	163
이순신	90	조선의 신분 제도	87
이육사	163	주권	148
익산 미륵사지 석탑	33	주몽	23
인천 상륙 작전	173	중립 외교	93
일본군 '위안부'	162	직지심체요절	69
임오군란	128	진흥왕	25
임진왜란	89		

ㅊ-ㅍ

척화비	124
청동기 문화	16
청일 전쟁	131
총독부	151
칠지도	23
탕평책	107
태종	80
태형	152
토지 조사 사업	152

ㅈ

자본주의	170
자주독립	140
장수왕	24
장영실	84
전봉준	130
전성기	22
정도전	78
정묘호란	94

팔만대장경 ········· 66

8조법 ········· 17

피란길 ········· 174

ㅎ

한강 ········· 20

한국 광복군 ········· 159

한산도 대첩 ········· 90

한용운 ········· 163

한인 애국단 ········· 158

행주 대첩 ········· 92

헌병 경찰 ········· 151

호족 ········· 51

홍범도 ········· 159

화랑도 ········· 25

환곡 ········· 120

황룡사 9층 목탑 ········· 34

후고구려 ········· 51

후백제 ········· 51

훈민정음 ········· 84

흥선 대원군 ········· 119

출처 및 참고 자료

자료 출처

- 72~74쪽 김경숙 글·박대승 그림, 《푸른 매 해동청, 고려 하늘을 날아라!》, 푸른숲주니어, 2016.
- 96~99쪽 허순영 글·김옥재 그림, 《잔트간자, 담이》, 꿈초, 2018.
- 133~134쪽 전국역사교사모임, 방지원 글·서른 그림, 《전국역사교사모임 선생님이 쓴 제대로 한국사 7》, 휴먼어린이, 2021.
- 164~165쪽 김영숙 글·심수근 그림, 《최초사 박물관》, 파란자전거, 2018.
- 176~179쪽 배성호 글·김규정 그림, 《선생님, 평화가 뭐예요?》, 철수와 영희, 2019.

참고 자료

- 45~47쪽 고구려 고분 벽화 3D 가상 전시관(http://contents.nahf.or.kr/goguryeo/mobile/html/03_mural.html?ver=1.1)

초등 사회 진짜 문해력 5-2

초판 1쇄 발행 2023년 2월 10일
초판 2쇄 발행 2024년 1월 26일

지은이 • 배성호 곽혜송 신봉석 이우철
그린이 • 양은정 안혜란 신이랑
펴낸이 • 김종곤
편집 • 소인정
조판 • 이츠북스
펴낸곳 • (주)창비교육 | 등록 • 2014년 6월 20일 제2014-000183호 | 제조국 • 대한민국
주소 • 04004 서울특별시 마포구 월드컵로12길 7
전화 • 1833-7247 | 팩스 • 영업 070-4838-4938 편집 02-6949-0953
홈페이지 • www.changbiedu.com | 전자우편 • contents@changbi.com

ⓒ 배성호 곽혜송 신봉석 이우철 2023
ISBN • 979-11-6570-189-5 73300

* 이 책 내용의 전부 또는 일부를 재사용하려면 반드시 저작권자와 (주)창비교육 양측의 동의를 받아야 합니다.
* 책값은 뒤표지에 표시되어 있습니다. * KC마크는 이 제품이 공통안전기준에 적합하였음을 의미합니다.
* 사용 연령: 5세 이상 * 종이에 베이거나 긁히지 않도록 주의하세요.